福建省社会科学基金重点项目（FJ2023MGCA018）
福建省中青年教师教育科研项目（社科类）一般项目（JAS22067）
福建省财政厅"会计学学科研究补助"项目（SCZ202102）

银行预期信用损失模型
运用的信贷风险承担效应研究

Research on the Credit Risk–Taking Effect of the Application
of the Expected Credit Loss Model in Banks

邹冉◎著

经济管理出版社
ECONOMY & MANAGEMENT PUBLISHING HOUSE

图书在版编目（CIP）数据

银行预期信用损失模型运用的信贷风险承担效应研究 / 邹冉著 . —北京：经济管理出版社，2024.5

ISBN 978-7-5096-9720-7

Ⅰ.①银… Ⅱ.①邹… Ⅲ.①商业银行—银行信用—风险管理—研究—中国 Ⅳ.① F832.33

中国国家版本馆 CIP 数据核字（2024）第 109997 号

组稿编辑：任爱清
责任编辑：张广花
责任印制：黄章平
责任校对：张晓燕

出版发行：经济管理出版社
　　　　　（北京市海淀区北蜂窝 8 号中雅大厦 A 座 11 层　100038）
网　　　址：www.E-mp.com.cn
电　　　话：（010）51915602
印　　　刷：唐山玺诚印务有限公司
经　　　销：新华书店
开　　　本：710mm×1000mm / 16
印　　　张：10.75
字　　　数：197 千字
版　　　次：2024 年 9 月第 1 版　2024 年 9 月第 1 次印刷
书　　　号：ISBN 978-7-5096-9720-7
定　　　价：78.00 元

前　言

我国商业银行从2018年起已开始陆续执行新《企业会计准则第22号——金融工具确认和计量》（以下简称新 CAS22）。按照该准则要求，银行在计提贷款损失准备时应由原已发生损失模型转变为预期信用损失模型（Expected Credit Loss Model）。此次预期信用损失模型的引入和施行被认为是银行会计领域的一次大变革，其可能产生的经济后果受到各方的高度重视。本书从银行信贷风险承担视角出发，研究银行运用预期信用损失模型的信贷风险承担效应。

本书共分八章：第一章为绪论，主要介绍全书的研究背景与研究问题、研究思路与研究框架以及主要创新与贡献。第二章为文献综述，主要梳理与本书相关的现有文献，并对既有研究进行总结与评价。第三章为制度背景，包括对我国贷款损失准备计提模式变迁背景以及我国银行业重要金融监管制度进行梳理。第四章至第七章为实证研究部分。其中，第四章至第六章从行业信贷配置视角研究预期信用损失模型运用的信贷风险承担效应以及金融监管制度在其中的进一步影响。第七章从银行信贷顺周期视角探讨预期信用损失模型运用的信贷风险承担效应。第八章是本书的研究结论、局限性与对未来研究方向的思考。

本书有助于进一步丰富关于预期信用损失模型经济后果、行业信贷配置影响因素和信贷顺周期影响因素方面的研究。同时，本书也为如何有效发挥预期信用损失模型的信贷风险防范功能以及推进金融监管制度与该模型之间的协同发展提供了新的经验证据和政策参考。

感谢厦门大学会计学系肖虹教授以及为本书写作提供宝贵意见和建议的所有专家、学者和老师们，也对本书所参阅的国内外专家学者的研究成果致以衷心的感谢！此外，还要感谢经济管理出版社任爱清老师、张广花老师、张晓燕老师对本书进行认真编校和提供热心帮助与支持。正是由于你们认真且负责的编辑工作，才保证本书能够顺利出版，在此表示诚挚的谢意！

由于笔者水平和时间有限，本书可能存在不足之处，敬请各位专家、学者和广大读者朋友批评指正。

邹 冉
2024 年 5 月

目　录

1

第三章

制度背景

第四章

预期信用损失模型运用与高风险行业信贷配置

第五章

银行业风险监管因素的进一步影响

第六章

银行业效益监管的进一步影响

第七章

预期信用损失模型运用与银行信贷顺周期性

第八章

研究结论、局限性与未来研究方向

绪论

研究背景与研究问题

2008 年爆发的国际金融危机将贷款损失准备计提的已发生损失模型推至风口浪尖。金融监管部门对其进行了猛烈抨击，认为该模型是导致本次金融危机恶化的重要原因。金融稳定论坛[①]（Financial Stability Forum，2009a，2009b）在其报告中直接指出，在已发生损失模型下，贷款损失准备计提太少和太迟，进而引发的银行信贷顺周期效应加剧了本次金融危机恶化。迫于金融审慎监管压力，国际会计准则理事会（International Accounting Standards Board，IASB）于 2008 年启动了金融工具会计处理改革项目，其重要议题之一是对金融资产减值计提模式进行变革。经过多年的艰难探索，IASB 在 2014 年发布的《国际财务报告准则第 9 号——金融工具》（IFRS9）中，确认了贷款损失准备计提的一种全新模式——预期信用损失模型，并要求于 2018 年 1 月 1 日起正式实施。紧随国际会计准则改革的步伐，我国财政部于 2017 年颁布了新修订的《企业会计准则第 22 号——金融工具确认和计量》，在借鉴 IFRS9 的基础上引入了预期信用损失模型，并要求我国商业银行从 2018 年 1 月 1 日起开始分批实施。

预期信用损失模型的引入被认为是银行会计领域的一次大变革（The American Bankers Association[②]，2016），其运用似乎已是大势所趋（丁友刚和王彬彬，2017）。然而，无论是理论界还是实务界，对预期信用损失模型的讨论从未停止，甚至尚存较大的争议。虽然该模型的引入旨在通过提供更具前瞻性的贷款减值信息，解决已发生损失模型下贷款损失准备计提滞后性问题（Agenor and Zilberman，2015；Morais et al.，2020），并希望能因此缓解银行信贷顺周期效应，提高银行系统的安全性与稳定性（邱月华和曲晓辉，2016；Vasilyeva and Frolova，2019），但该预期目标是否能够有效实现，目前尚无定论。同时，由于该模型在违约概率、违约损失率、违约风险暴露等参数估计和宏观经济形势等预测上包含大量主观判断和关键假设，以及在风

[①] 金融稳定论坛（Financial Stability Forum，FSF）现已更名为金融稳定理事会（Financial Stability Board，FSB）。

[②] 即美国银行家协会，简称 ABA。

险是否显著恶化的三阶段划分等方面又缺乏明确的判断标准，因此赋予了银行管理层极大的自由裁量权（Gebhardt and Novotny-Farkas，2011），可能增加其盈余管理行为（王菁菁和刘光忠，2014；Cohen and Jr，2017）。这也引发了各方对该模型负面经济后果的担忧（邱月华和曲晓辉，2016）。事实上，美国财务会计准则委员会（Financial Accounting Standards Board，FASB）最终决定放弃 IASB 的预期信用损失模型而选择采用"当前预期信用损失模型"（要求信贷资产自初始确认时就计提整个存续期的预期信用损失），其主要原因也是认为 IASB 对预期信用损失模型的三阶段划分标准过于主观（王菁菁和刘光忠，2014）。由此可见，虽然预期信用损失模型已正式在银行业中实施，但其究竟会产生怎样的经济后果目前尚无定论。同时，该模型中包含了大量的主观判断，更是引起了各方对该模型实际运用效果的关注和热议。在此情况下，对预期信用损失模型运用的经济后果进行研究就显得尤为必要和关键，这对于考察该模型的改革是否成功以及如何进一步推行与改进具有重要的意义。

在众多的经济后果中，银行信贷风险研究历来是金融机构关注的焦点。尤其是当前我国正处于供给侧结构性改革不断深化的关键时期，金融稳定对维护国家安全与经济平稳运行具有至关重要的作用（唐文琳和金鹤，2020）。银行业作为金融体系的核心，其信贷风险防范的重要性自然不言而喻。而预期信用损失模型恰是一种风险预测模型，其基本功能就是进行风险防范。因此，在预期信用损失模型运用的众多经济后果中，选择考察预期信用损失模型运用对银行信贷风险承担行为的影响，不仅有助于预期信用损失模型风险防范功能的发挥，同时也对我国银行业的稳健发展具有重要的现实意义。

从行业信贷配置视角和信贷顺周期视角考察预期信用损失模型的信贷风险承担效应尤为关键。首先，关于行业信贷配置视角。银行信贷风险的高低取决于信贷的最终投向（王蕾等，2019），从行业维度来看，银行信贷的行业投向将最终决定银行的整体风险水平。因此，预期信用损失模型运用能否在行业信贷配置方面减少银行的风险承担行为，对银行的安全性与稳健性具有重要影响。不仅如此，银行的行业信贷配置行为还与实体经济发展紧密相关，是银行支持实体经济的重要渠道。从行业信贷配置视角进行研究还有助于考察预期信用损失模型运用对银行支持实体经济的力度和作用将产生怎样的影响。基于此，本书拟重点从行业信贷配置视角考察银行预期信用损失模型运用的信贷风险承担效应。其次，关于信贷顺周期视角。银行信贷过度顺周期性易引起系统性风险加剧、实体经济健康发展受影响等问题，因此抑制信贷过度顺周期性对于维护金融稳定和促进经济发展至关重要。引入预期信用损失模型的重要目标之一即缓解信贷顺周期效应。那么，该目标能否有效实现？这同样需提供相应的经验证据进行解答。鉴于此，本书将从信贷顺周期视角探讨银行预期信用损失模型运用的信贷风险承担效应。

商业银行除受会计准则约束外，还受制于各项金融监管规则[①]，包括资本充足率监管、信用风险监管、流动性风险监管等。银行在会计准则和金融监管规则的约束下进行经营决策，实现其经营目标；两套规则相互作用，均对银行的风险承担行为产生影响（Basel Committee，2017）。因此，在当前的制度环境下，要更深入、全面地探讨会计准则中预期信用损失模型运用的信贷风险承担效应，还需结合银行业金融监管因素。只有这样，才能更客观、全面地评估该模型的实际运用效果，也才能在会计准则和金融监管的协调性上获得重要启示。

基于上述思考，本书扎根于中国本土制度环境，从行业信贷配置和信贷顺周期两个视角，探讨银行预期信用损失模型运用对银行信贷风险承担效应的影响。另外，本书还结合相关金融监管制度，以考察金融监管因素对预期信用损失模型运用的信贷风险承担效应的影响。

具体而言，本书主要研究以下四个子问题：①银行运用预期信用损失模型之后，将通过贷款损失准备计提对高风险行业信贷配置规模产生怎样的影响？其作用路径是什么？该影响效应是否具有持续性？同时，高风险行业信贷配置规模的变化对银行整体风险和利润效率最终将产生怎样的影响？②当考虑金融监管中的资本充足率监管、信用风险监管和流动性风险监管因素时，预期信用损失模型运用与银行高风险行业信贷配置规模之间的相互关系会受到怎样的影响？③商业银行在效益监管下，其贷款损失准备计提行为是否发生改变？这种改变又将如何影响预期信用损失模型运用与银行高风险行业信贷配置规模之间的相互关系？④预期信用损失模型运用将对银行信贷顺周期性产生怎样的影响？相关金融监管因素将对此产生怎样的效应？

---

① 金融监管规则是指来自金融监管部门的各项制度。在我国，金融监管部门主要包括中国人民银行、国家金融监督管理总局等。本书所研究的金融监管规则是指由中国人民银行和国家金融监督管理总局等金融监管部门对银行业制定的各项规章制度。

第二节

研究思路与研究框架

本书以预期信用损失模型在我国商业银行中分批实施的准自然实验为背景，重点从行业信贷配置视角出发并聚焦于高风险行业，探讨预期信用损失模型运用的信贷风险承担效应及相关金融监管因素对其的影响。其中，预期信用损失模型运用对银行高风险行业信贷配置的影响效应是本书研究的基本问题。在对此问题进行探讨之后，本书将从银行业风险监管和银行业效益监管两个维度分析相关金融监管因素对预期信用损失模型运用的信贷风险承担效应的影响。在对上述问题研究之后，本书从信贷顺周期视角探讨了预期信用损失模型运用的信贷风险承担效应。基于本书的基本逻辑思路，将具体通过八章展开研究。

第一章为绪论。本章首先介绍本书的研究背景和研究问题；其次对研究思路和研究框架进行介绍；最后提出本书的主要创新与贡献。

第二章为文献综述。本章包括四个部分：银行贷款损失准备研究、行业信贷配置研究、金融监管制度与银行信贷行为研究、信贷顺周期影响因素研究。在对各部分文献进行梳理和总结时，本书尤其关注与银行信贷风险承担行为相关的研究。各部分基本内容如下：由于本书的研究重点是贷款损失准备的计提模型，因此，第一部分对贷款损失准备相关文献进行了回顾，包括影响因素和经济后果两个方面。在此基础上，针对预期信用损失模型将相关文献进行了归纳总结。第二部分回顾了行业信贷配置的相关研究，包括影响因素和经济后果。由于本书从行业信贷配置视角探讨预期信用损失模型下银行信贷风险承担行为的变化，因此这部分的文献梳理将有助于本书把握行业信贷配置的研究特点和主要问题。第三部分为相关金融监管制度与银行信贷行为方面的研究，包括资本充足率监管对银行信贷行为的影响、信用风险监管对银行信贷行为的影响以及流动性风险监管对银行信贷行为的影响。对该领域文献的梳理和总结有利于本书分析相关金融监管因素如何影响预期信用损失模型效用的发挥。第四部分为信贷顺周期影响因素方面的研究，包括非会计因素与会计因素。此部分的文献回顾将为本书探讨预期信用损失模型运用与信贷顺周期的关系提供文献基础和理论支撑。

　　第三章为制度背景。本章主要包括两部分：一是我国贷款损失准备计提模式的变迁背景、预期信用损失模型的特点，以及我国银行业运用预期信用损失模型的概况。二是银行业重要监管项目及其相关制度规范。首先，从银行"三性"经营原则出发，并结合现阶段国家金融监督管理总局的重要监管项目，总结了当前银行业金融监管的重要领域，并提出了本书所关注的金融监管因素。同时，根据各金融监管项目的目的及特点，本书将其分为银行业风险监管和银行业效益监管两类，其中，银行业风险监管包括资本充足率监管、信用风险监管和流动性风险监管。第五章和第六章是实证部分，其正是基于本章对重要金融监管项目的类型划分，分别从银行业风险监管和银行业效益监管两个维度探讨了预期信用损失模型与高风险行业信贷配置规模之间的相互关系如何受金融监管因素的影响。其次，本章对重要金融监管项目的相关制度规范进行了梳理。总体而言，本章是后文进行假设发展、模型设定、结果分析、内生性检验等的基础。

　　第四章至第六章为实证主体部分，从行业信贷配置视角研究预期信用损失模型运用的信贷风险承担效应。其中，第四章探讨的基本问题是，银行运用预期信用损失模型之后，贷款损失准备计提是否显著降低了高风险行业信贷配置规模，即预期信用损失模型运用之后，是否有助于减少银行在行业信贷配置方面的风险承担行为。在此基础上，考察上述效应的作用路径是什么，以及该效应是否具有持续性。另外，本章还探讨了高风险行业信贷配置规模的变化最终将对银行整体风险和利润效率产生怎样的影响。

　　第五章研究了银行业风险监管因素对预期信用损失模型与银行高风险行业信贷配置规模相互关系的影响。本章拟探讨的具体问题是，在资本充足率、信用风险和流动性风险均不同的银行中，预期信用损失模型运用对银行高风险行业信贷配置规模的影响效应是否存在显著异质性。

　　第六章研究了银行业效益监管下预期信用损失模型运用与银行高风险行业信贷配置规模之间的相互关系。首先，探讨了我国商业银行在效益监管下是否存在贷款损失准备盈余平滑行为。其次，考察了在预期信用损失模型下，因向上盈余管理而少计提的贷款损失准备将对高风险行业信贷配置规模产生怎样的影响，以及该影响在盈利能力不同的银行、不同类型的银行以及上市银行与非上市银行中是否存在显著差异。最后，检验了在预期信用损失模型运用下，能够反映银行真实风险信息的"非相机型"贷款损失准备计提将对高风险行业信贷配置规模产生怎样的影响。

　　第七章从信贷顺周期视角研究预期信用损失模型运用的信贷风险承担效

应。首先考察了预期信用损失模型运用是否有助于显著降低银行信贷顺周期效应；其次结合银行流动性风险监管和效益监管因素，探讨了在流动性风险以及贷款损失准备盈余平滑程度不同的银行中，上述效应可能存在的异质性。

第八章为研究结论、局限性与未来研究方向。首先总结了研究结论；其次提出了本书的局限性，并指出了未来研究方向。

本书的研究框架如图1-1所示。

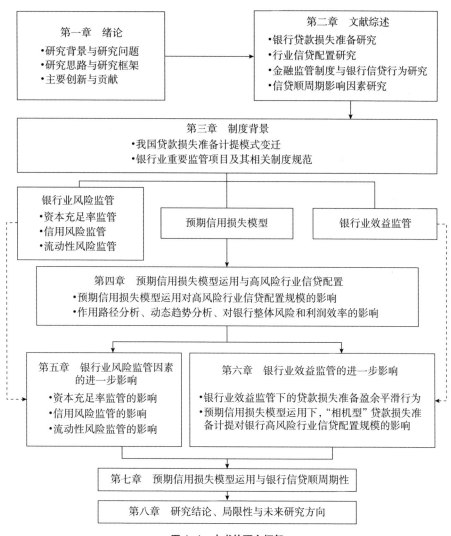

图1-1 本书的研究框架

第三节

主要创新与贡献

本书以预期信用损失模型在我国商业银行中分批实施的准自然实验为背景，利用 2015~2019 年我国商业银行数据，通过双重差分模型实证检验了预期信用损失模型运用对高风险行业信贷配置规模和信贷顺周期性的影响，同时还结合相关金融监管因素进行了探讨。本书拟通过上述实证检验考察预期信用损失模型运用在银行信贷风险承担方面的影响效应及其相关金融监管因素的影响。

一、丰富了预期信用损失模型运用所产生的经济后果的研究

预期信用损失模型自提出以来一直是理论界热议的话题，其经济后果更是引起了学术界的极大关注。但从现有研究来看，关于预期信用损失模型经济后果的研究主要局限于理论分析（Bouvatier and Lepetit，2012；邱月华和曲晓辉，2016；丁友刚和王彬彬，2017）。少数实证研究通过测算方式度量前瞻型贷款损失准备以间接考察预期信用损失模型的经济后果（Beatty and Liao，2011；Olszak et al.，2017；Cohen and Jr，2017；Wheeler，2019），而直接检验预期信用损失模型实际运用效果的实证研究非常有限，主要集中于探讨其对贷款损失准备计提特征（Kim et al.，2020；王成龙等，2023）、股票市场反应和崩盘风险（Onali et al.，2021；Jin and Wu，2023）的影响。由此可见，目前鲜有研究考察预期信用损失模型运用对银行信贷风险承担行为的影响。本书以我国商业银行分批实施预期信用损失模型的准自然实验为契机，通过双重差分模型从行业信贷配置规模和信贷顺周期视角考察了预期信用损失模型运用的信贷风险承担效应，同时还结合重要金融监管制度，探讨了相关金融监管因素对该模型实际运用效果的影响。因此，本书有利于拓展预期信用损失模型运用所产生的经济后果的相关研究。

二、丰富了行业信贷配置影响因素的研究

前期对行业信贷配置影响因素的研究主要局限于产业政策（何熙琼等，2016；连立帅等，2015）、抵押品价值（刘京军等，2016）、资本计量方法（刘冲等，2019）等方面，较少从会计准则视角进行探讨。而在该领域研究中，

行业信贷配置决策过程中的风险因素又一直是学者关注的问题。因此，本书从会计准则这一微观制度层面入手，探讨新 CAS22 下预期信用损失模型运用对银行高风险行业信贷配置规模的影响，一方面有助于从会计准则视角拓展该领域的研究，另一方面对该领域一直关注的风险问题做了进一步深化。

三、拓展了信贷顺周期影响因素的研究

现有文献从资本监管制度（Carlson et al.，2013；Kim and Sohn，2017）、银行性质（Bertay et al.，2015）、银行市场结构（Leroy and Lucotte，2019）、公允价值会计（潘健平和余威，2020）、贷款损失准备计提（Bikker and Metzemakers，2005）等多个视角对信贷顺周期的影响因素进行了研究，其中贷款损失准备计提是与本书研究内容最相关的影响因素。但相关文献主要集中于探讨已发生损失模型下贷款损失准备计提对信贷顺周期的影响，鲜有实证研究考察预期信用损失模型运用如何影响信贷顺周期性。因此，本书关于预期信用损失模型与信贷顺周期性相互关系的研究对前期文献进行了有益补充。

四、为相关政策制定提供了有益参考

本书的研究结论为预期信用损失模型的改进和推行，以及相关金融监管制度如何与该模型协调互补提供了重要的政策启示。当前正值预期信用损失模型改革的初探期，诸多政策效果尚不明朗。本书侧重于考察预期信用损失模型在银行信贷风险防范方面的经济后果，相应地研究结论为预期信用损失模型是否该进一步推行，以及该如何有效发挥效用提供了重要的经验证据。同时，本书还表明，在预期信用损失模型运用的过程中，相关金融监管制度会对其运用效果产生影响，意味着金融监管部门在完善相关金融监管制度时，应注意与会计准则的协同发展问题。因此，本书在如何更好地协调金融监管与会计准则问题上同样具有参考价值。此外，本书还发现，虽然预期信用损失模型运用在风险防范方面发挥了积极效用，但就支持实体经济发展的视角而言，其对银行制造业、批发和零售业这类高风险行业信贷配置规模的抑制效应，可能削弱银行支持实体经济的力度。因此，本书为银行和相关部门如何在防范风险和支持实体经济发展的双重目标之间进行有效的权衡与选择提供了重要启示。

第二章

文献综述

第一节

银行贷款损失准备研究

贷款损失准备是银行最大的应计项目（Ahmed et al.，1999；Kanagaretnam et al.，2004），且对银行利润和资本水平具有重要影响（Beatty and Liao，2011），同时还具有信贷风险信号传递功能（戴德明和张姗姗，2016）。这些特征决定其历来是实务界和学术界关注的焦点。本节首先从影响因素和经济后果两个视角出发，对贷款损失准备的重要研究问题进行梳理和回顾；其次针对本书所考察的对象——预期信用损失模型的相关研究进行总结与分析。

一、贷款损失准备计提的影响因素

从影响因素来看，学术界重点关注的问题是银行是否会利用贷款损失准备进行盈余管理和资本管理，银行盈余水平和资本水平也因此成为影响贷款损失准备计提的两大重要因素。

在盈余管理方面，仅有一部分文献未发现银行管理层通过操纵贷款损失准备进行盈余管理的证据（Chen and Daley，1996；Ahmed et al.，1999），大部分研究一致表明，银行存在贷款损失准备盈余管理行为，尤其是盈余平滑行为。例如，Balboa等（2013）发现，当银行存在较大的正盈余时，会利用准备金进行盈余平滑。陈超等（2015）、黄有为和史建平（2016）均表明，我国商业银行也存在通过操纵贷款损失准备进行的盈余平滑行为。部分文献还进一步探讨了可能影响贷款损失准备盈余平滑程度的因素，具体包括以下三个方面：①金融监管的影响。Hamadi等（2016）考察了《巴塞尔协议Ⅱ》带来的影响，发现相对于欧洲地区标准化银行，以内部评级法为基础的银行在实施《巴塞尔协议Ⅱ》之后，利用自由裁量权的贷款损失准备进行的盈余平滑行为更少。Curcio等（2017）探讨了欧洲银行管理局（European Banking Authority, EBA）实施的压力测试所产生的影响，发现2011年进行的压力测试导致欧元区银行通过贷款损失准备进行的盈余平滑行为加剧。②会计准则的影响。Leventis等（2011）发现，欧盟上市银行在2005年开始采用国际财务报告准则之后，贷款损失准备盈余平滑行为减弱。陈雯靓和吴溪（2014）发现，我国商业银行也存在显著的贷款损失准备盈余平滑现象，但2007年起执行的企业会计准则显著抑制了该行为发生。③审计的影响。Ozili（2017）发现了非洲地区银行利用贷款损失准备进行盈余平滑的证据，且经"四大"会计师事务所（普华永道、德勒、毕马威、安永）审计也并未减少该盈余平滑行为。但 Bratten 等（2020）表明，当银行聘请具有行业专长的审计师时，贷款损失准备盈余平滑行为会减少。

在资本管理方面，大部分研究表明，银行会通过操纵贷款损失准备进行资本管理（Beatty et al.，1995；Chen and Daley，1996；Kim and Kross，1998；Ahmed et al.，1999；Lobo and Yang，2001；Cummings and Durrani，2016）。例如，Lobo 和 Yang（2001）发现，银行管理层会将银行资本水平与最低监管标准进行比较，通过操纵贷款损失准备调节资本水平。Cummings 和 Durrani（2016）利用澳大利亚银行业基于监管目的的前向型准备金计提数据，同样发现了贷款损失准备的资本管理行为。但是也有研究没有发现银行会通过操作贷款损失准备进行资本管理的证据。Leventis 等（2011）研究了欧盟上市银行在 2005 年国际财务报告准则实施前后的贷款损失准备资本管理行为，发现国际财务报告准则实施前后，银行管理层均不存在显著的资本管理行为。Curcio 等（2017）以欧洲银行管理局在 2010 年和 2011 年实施的两次压力测试为背景，通过实证检验，同样未发现银行管理层利用贷款损失准备进行资本管理的证据。

除盈余水平和资本水平外，现有研究还发现了影响贷款损失准备计提的其他因素。祝继高等（2015）发现，我国城市商业银行中，经"四大"会计师事务所审计的银行会计提较高的贷款损失准备，表明"四大"会计师事务所能够对城市商业银行进行有力的外部监督。祝继高等（2017）进一步运用我国城市商业银行数据发现，房地产价格增幅对贷款损失准备计提具有显著的正向影响，表明城市商业银行会提前计提较多的贷款损失准备以应对房价高速增长可能引发的信贷风险。同时，当城市商业银行被"四大"会计师事务所审计时，该正向影响更显著，再次证明"四大"会计师事务所审计能够发挥外部治理作用，督促城市商业银行计提更多准备金以应对风险。米春蕾等（2018）同样表明，"四大"会计师事务所审计对贷款损失准备计提具有较好的监督作用，具体表现在：经"四大"会计师事务所审计的商业银行，其贷款损失准备计提的真实性程度较高，且这种效应在全国性商业银行和上市银行中更显著。此外，潘秀丽（2014）研究了不良贷款率、附担保物贷款等贷款风险因素对贷款损失准备计提的影响，发现不良贷款率、附担保物贷款以及拨备覆盖率等因素均与银行贷款损失准备计提水平显著相关。Andries

等（2017）则从税收管理视角研究了税收制度对贷款损失准备计提的影响，发现在贷款损失准备可以税前抵扣的国家中，银行会增加贷款损失准备计提金额。

二、贷款损失准备计提的经济后果

已发生损失模型下贷款损失准备计提具有"后视型"特征，通常会导致贷款损失准备计提太少、太迟（Cohen and Jr，2017；Marton and Runesson，2017），从而引发信贷顺周期效应（Financial Stability Forum，2009a）。金融危机更是将上述问题暴露无遗。正因如此，已发生损失模型下贷款损失准备计提所引发的信贷顺周期性是学术界热议的一项重要经济后果。金融稳定论坛在其报告中指出，已发生损失模型下贷款损失准备计提可能具有信贷顺周期效应，原因在于：在经济萧条时，银行因计提大量贷款损失准备而导致利润下降，进而影响留存收益并最终导致资本充足率降低，这就促使银行减少信贷供给，进而加剧了经济衰退（Financial Stability Forum，2009a）。诸多实证研究对已发生损失模型下贷款损失准备计提的顺周期性以及由此导致的信贷顺周期问题进行了探讨。Olszak等（2017）研究了1996~2011年欧盟地区商业银行的贷款损失准备计提行为，发现贷款损失准备计提具有顺周期特征。黄有为等（2017）和郭沛廷（2017）研究表明，我国商业银行也存在贷款损失准备计提的顺周期性。另外，有的学者将贷款损失准备计提的顺周期性与银行信贷行为结合，探讨了贷款损失准备计提与信贷顺周期之间的相互关系。Bikker和Metzemakers（2005）发现，当经济增长缓慢时，贷款损失准备计提大幅度提高，表明银行贷款存在较高风险，最终可能导致银行收缩信贷。Bouvatier和Lepetit（2008）以1992~2004年欧洲银行为研究对象发现，"非相机型"贷款损失准备会扩大信贷波动，但"相机型"贷款损失准备没有此效应，因此呼吁应实施动态拨备计提制度。陈旭东等（2014）通过研究我国商业银行2006~2011年样本发现，我国银行中贷款损失准备计提对银行信贷同样具有顺周期效应。

近年来，随着贷款损失准备预期信用损失模型的提出，越来越多学者对该模型下的顺周期问题进行了探讨。由于该模型于2018年才开始正式实施，目前对该模型的研究主要集中于理论分析。例如，Bouvatier和Lepetit（2012）通过创建局部均衡模型分析发现，"后视型"贷款损失准备会放大信贷顺周期波动；而"前瞻型"的动态拨备制度能够平滑各期间的贷款减值计提，使这种制度下信贷顺周期问题并不会发生。邱月华和曲晓辉（2016）、丁友刚和王彬彬（2017）也从理论层面分析了已发生损失模型下贷款损失准备计提的顺周期性，并进一步探讨了预期信用损失模型下贷款损失准备计提可能会缓解信贷顺周期问题。也有学者通过测算的方法实证检验了前瞻型贷款损失准备计提模式对信贷顺周期可能产生的影响。Beatty 和 Liao（2011）以两个贷款损失准备决定因素模型 R^2 之差来衡量贷款损失准备计提的及时性程度，通过回归检验发现，在贷款损失准备计提较及时的银行中，相较于繁荣期，贷款在经济衰退期时所减少的程度会更低。Olszak 等（2017）以贷款损失准备对经济周期回归系数来衡量贷款损失准备计提的顺周期程度，通过实证检验发现，对于贷款损失准备计提顺周期性较弱的银行而言，经济衰退期的信贷行为不会受到资本监管压力的影响。Cohen 和 Jr（2017）基于情景模拟结果认为，贷款损失准备计提的预期信用损失模型可能会缓解信贷顺周期问题。

　　除探讨贷款损失准备计提与信贷顺周期的研究外，贷款损失准备对银行风险的影响也是其经济后果研究中另一个重要的议题。这是因为，银行计提贷款损失准备的目的是抵御未来信用风险，且贷款损失准备具有风险信号传递属性（戴德明和张姗姗，2016）。因此，较多研究对贷款损失准备与银行风险之间的关系进行了探讨。Ng 和 Roychowdhury（2014）从资本作用渠道视角，分析了能够加回作为资本一部分的贷款损失准备余额（称为"可加回的贷款损失准备余额"）与银行经营失败风险之间的关系，发现两者在金融危机期间呈显著正相关关系，可加回的贷款损失准备余额越大，银行经营失败的概率就越大。Bushman 和 Williams（2012）、戴德明和张姗姗（2016）、Akins 等（2017）从信贷风险信号传递和市场约束视角进行了研究。Bushman 和 Williams（2012）利用来自 27 个国家的银行数据，检验了两种类型的"前瞻型"导向贷款损失准备计提对银行风险承担市场纪律的影响。结果发现，基于盈余平滑目的的"前瞻型"贷款损失准备会削弱市场力量对银行风险承担的监督功能；而以及时反映未来预期信用损失为目的的"前瞻型"贷款损失准备有利于增强银行风险承担的市场约束功能。戴德明和张姗姗（2016）认为，贷款损失准备能够向监管机构和市场约束力量等银行利益相关者提示风险信息，因此有助于银行进行风险管理。他们利用我国上市银行数据对此予以了证明，发现贷款损失准备计提越多，银行未来面临的风险越低。Akins 等（2017）研究发现，及时确认贷款损失准备有助于更早发现问题贷款，进而抑制信贷腐败问题发生。此外，Jin 等（2018）总结认为，贷款损失准备是一种重要的风险管理工具，可抵御未来信贷损失。他们发现，在 2008 年国际金融危机发生之前，银行的异常贷款损失准备越高，其在金融危机前的风险承担行为越少，进而在金融危机期间发生经营失败的风险也更低。

对银行风险研究的进一步拓展，便是延伸至贷款损失准备计提引起的股票市场反应，这是贷款损失准备计提的第三个经济后果。但贷款损失准备究竟会带来怎样的股票市场反应，现有研究尚未得出一致结论。Liu 等（1997）发现，对于第四季度监管资本较低的银行，贷款损失准备能够正向影响银行股票回报和未来现金流。Kanagaretnam 等（2009）同样发现，经"五大"会计师事务所审计的银行，"相机型"贷款损失准备与股票收益之间具有显著正向关系。Docking 等（2000）发现，相对于货币中心银行，贷款损失准备公告产生的负异常收益在区域性银行中更为明显。Anandarajan 等（2007）却发现澳大利亚银行未能通过贷款损失准备向投资者传递未来获取高盈余的信号。

三、贷款损失准备的预期信用损失模型

预期信用损失模型自 2018 年起才开始逐步推行，银行运用该模型的时间较短，因此较少有研究直接针对该模型的实际运用效果进行实证检验。

首先，现阶段对该模型的研究主要集中于理论探讨。例如，Bouvatier 和 Lepetit（2012）运用局部均衡模型对"前瞻型"动态拨备制度的经济后果进行了分析。邱月华和曲晓辉（2016）、丁友刚和王彬彬（2017）也从理论层面探讨了预期信用损失模型的特点与不足。

其次，关于预期信用损失模型的实证研究较为有限，包括间接检验和直接检验两种方式。有的学者通过测算方式度量"前瞻型"贷款损失准备，以间接考察预期信用损失模型可能产生的经济后果。例如，Beatty 和 Liao（2011）在研究中将两个贷款损失准备决定因素模型的 R^2 相减，以其差值衡量贷款损失准备及时性，检验了贷款损失准备计提及时性对银行信贷供给的影响。参照该方法，Wheeler（2019）发现，银行贷款损失准备计提通过影响监管行动而最终对信贷顺周期造成了影响，其原因在于，当银行贷款损失准备计提不充分时，可能受制于监管部门限制放贷的强制措施，因此在经济下行期信贷投放减少。而对于监管评级较低的银行，当其贷款损失准备计提越及时时，信贷投放越少。Bushman 和 Williams（2012）用下一期不良贷款变化率对贷款损失准备的回归系数来衡量"前瞻型"导向的贷款损失准备，然后进一步探究其对银行风险承担行为的影响。Olszak 等（2017）也采用类似的度量方法，他们以贷款损失准备对经济周期的回归系数来衡量贷款损失准备计提的顺周期性程度，进而检验贷款损失准备的顺周期性对银行信贷行为

的影响。Perez 等（2008）以西班牙 2000 年开始执行的动态统计拨备制度为背景，检验了这种具有逆周期性质的贷款损失准备计提模式对银行的影响。结果发现，西班牙银行会利用贷款损失准备进行盈余平滑，但未进行资本管理。Morais 等（2020）以哥伦比亚一次非常类似于预期信用损失模型的信用风险评估系统改革为契机，研究了改革对银行信贷和风险承担行为的影响，结果发现，该评估系统的改革显著提高了贷款损失准备计提水平，并导致银行收紧了所有新发放的贷款条件。

在直接检验方面，相关研究主要基于预期信用损失模型运用所产生的实际效果。但此方面研究非常有限，主要包括以下文献：Kim 等（2020）基于 33 个国家的跨国银行样本，通过双重差分模型检验了 2018 年起开始运用的预期信用损失模型对贷款损失准备计提及时性的影响，结果发现，该模型的运用确实有助于提高贷款损失准备计提及时性。Onali 等（2021）利用欧洲上市银行样本，通过实证研究表明预期损失模型的实施产生了正向市场反应。王成龙等（2023）基于中国商业银行数据实证检验发现，预期信用损失模型的运用削弱了银行贷款拨备计提的顺周期效应。Jin 和 Wu（2023）以中国上市银行动态采用 IFRS9 为背景，通过实证研究发现银行运用预期信用损失模型将降低其股票崩盘风险。

第二节

行业信贷配置研究

一、行业信贷配置的影响因素

行业信贷配置影响因素的研究主要集中于国内。

首先，我国多位学者研究了产业政策对行业信贷配置的影响。何熙琼等（2016）发现，受产业政策支持的企业更易从银行融资，并获得更多银行信贷。连立帅等（2015）进一步研究表明，受产业政策支持的企业中，具有高成长性的企业才易获得更多银行信贷。然而谢建（2020）却发现，受管制行业反而能获得更多银行贷款。

其次，张勇（2011）和刘京军等（2016）从信贷抵押品视角探讨银行进行行业信贷配置的作用机制。张勇（2011）发现，由于信贷抵押品价值会影响违约风险，因此银行会倾向于将信贷资金投放进拥有高价值抵押品的工业和商业中。刘京军等（2016）也发现，抵押品在行业信贷选择上具有类似效应。他们通过实证检验表明，地方政府土地出让行为会影响银行行业信贷配置，土地出让越多，当地工业贷款越少。这是因为房地产业和地方政府融资平台拥有大量土地可作为信贷抵押物，且具有高盈利性，因此更易获得银行信贷融资，从而对工业贷款造成挤兑。

最后，还有研究从创建识别行业信贷风险的模型出发，探讨银行该如何优化行业信贷配置决策。例如，李卫东等（2010）以某银行数据为例，运用压力测试技术和模拟分析法，预测了该银行若干不同行业在相应冲击下的违约率。通过违约率的测算以帮助该银行识别行业风险，促使其正确选择未来行业信贷投向。张舒明和周颖（2019）以控制行业极端风险为目标，创建了一种行业信贷配置模型，以帮助银行合理配置行业信贷，降低其风险水平。

此外，还有研究从其他视角考察了行业信贷配置的影响因素。例如，钱先航等（2011）发现，地方官员晋升压力越大，城市商业银行对批发和零售业的信贷投放越少，而对建筑和房地产业的信贷投放越多。王蕾等（2019）认为，银行内部控制有助于识别行业信贷风险，通过实证检验后发现，高质量的银行内控会显著抑制信贷资金向高风险行业流入。刘冲等（2019）检验了资本计量方法改革如何影响银行信贷在行业之间的调配。实证结果表明，银行采用资本管理高级方法后，会显著减少对高风险行业的信贷投放。

二、行业信贷配置的经济后果

银行信贷资金在行业间的配置结构会带来不同经济后果。下面将按照行业信贷配置影响的不同经济主体，对相关文献进行总结。

首先，行业信贷配置会影响银行自身，重点表现为对银行风险承担的影响。Shim（2019）利用美国银行数据发现，行业信贷组合多样化会提高银行稳定性。但 Tabak 等（2011）发现在巴西的商业银行中，行业贷款分布越集中，贷款违约概率越低。钱先航等（2011）发现，城市商业银行对房地产业信贷投放越多，银行不良贷款率越高。陈懿冰和聂广礼（2014）发现，在中国上市银行中，行业贷款越集中，银行风险越大。任秋潇和王一鸣（2016）同样利用中国上市银行数据研究发现，行业信贷资金过于集中所形成的累积效应会导致银行风险显著增加。此外，也有个别研究针对银行的其他经济后果进行探讨。例如，Berger 等（2017）研究了银行行业信贷配置是否会影响银行对债务人的信息需求。研究结果表明，银行向风险敞口较大的行业贷款人收集经审计后财务报表的可能性较低。

其次，鉴于银行信贷资金在经济活动中发挥的基础性功能，行业信贷配置还会对实体经济发展产生重要影响。例如，何熙琼等（2016）发现，银行信贷会偏向于受产业政策支持的企业，并最终促进这类企业提高投资效率。曹森和史逸林（2017）表明，银行在行业信贷选择上存在"羊群效应"，这在短期内会对行业经济增长产生有利影响，但长远而言，容易引发行业经济的过度膨胀。

第三节

金融监管制度与银行信贷行为研究

一、资本充足率监管对银行信贷行为的影响

巴塞尔委员会提出的资本充足率监管制度对银行的稳健经营起到了巨大促进作用。但理论界和实务界也均注意到，资本充足率监管可能会导致银行信贷顺周期效应，2008 年国际金融危机更是暴露了此问题（黄宪和熊启跃，2013）。因此，大量学者就资本充足率监管对银行信贷行为的影响问题进行了探讨。

大量文献从资本充足率监管对整体信贷供给的影响视角展开讨论，发现资本充足率监管会对银行信贷供给产生抑制效应，即当资本充足率越低时，银行倾向于收缩信贷，而当资本充足率越高时，信贷供给会增加。Carlson 等（2013）利用 2001~2011 年数据发现，在国际金融危机发生期间以及金融危机后不久的时期内，银行资本比率和信贷增长率之间具有显著的正向关系，但在其他时期并不显著，表明金融危机期间，资本监管对银行信贷行为的影响更为重要。Kim 和 Sohn（2017）表明，资本增长促进了贷款增长速度，且在大型银行中，该效应受银行流动性水平的正向影响，同时在国际金融危机期间更加明显。李楠等（2013）研究发现，银行资本监管要求越高，信贷增长就越慢。江曙霞和刘忠璐（2016）通过实证研究表明，在我国商业银行中，核心资本充足率越高，银行贷款增速越快，且其作用机理来自资本缓冲机制的影响。

但也有学者表明，资本充足率监管压力并不一定会导致银行信贷收缩。Kosak 等（2015）利用银行业数据研究发现，虽然在国际金融危机期间，银行一级资本充足率越高将有助于促进信贷增长，但对国际金融危机期间的二级资本充足率却未发现此效应。Lepetit 等（2015）发现，当银行现金流量

权同控制权时，银行不会通过减少信贷的方式来提高资本充足率。江曙霞和刘忠璐（2016）从银行总资本中包含次级债的角度分析发现，资本充足率越高，越能激励银行减少风险承担行为，对信贷投放产生抑制效应。黄宪和熊启跃（2013）发现，当经济越繁荣时，我国商业银行信贷增速越慢，呈现出逆周期特征，且资本缓冲呈现出抑制信贷供给的效应，因此进一步强化了信贷逆周期特征。许坤和苏扬（2016）研究了2013年我国实施的逆周期资本监管政策对银行信贷行为的影响，结果表明，资本监管压力较大的银行在逆周期资本监管政策实施之后，其贷款增长更快，说明逆周期资本监管政策在我国商业银行中发挥了逆周期调节效应。

除此以外，还有部分学者深入到银行信贷结构，研究资本充足率监管与不同类型信贷供给之间的相互关系。例如，彭继增和吴玮（2014）利用我国商业银行数据检验发现，当银行资本约束越大时，低资本消耗型的个人贷款就越多，而高资本消耗型的信用贷款规模却下降。许坤和苏扬（2016）发现，在逆周期资本监管下，银行监管压力越大，其对风险权重较低的抵押贷款、个人贷款和长期贷款投放越多。江曙霞和刘忠璐（2016）从行业信贷配置视角出发，发现当银行核心资本充足率较高时，对房地产业的信贷投放收缩，而对制造业的信贷供给增加。

二、信用风险监管对银行信贷行为的影响

信用风险监管旨在防范银行因到期债权无法收回而发生损失的风险，本书所讨论的贷款损失准备计提正是我国信用风险监管的一项重要工具。关于贷款损失准备计提与信贷行为的研究已在前文进行了梳理，在此不再赘述。除贷款损失准备计提以外，我国信用风险监管中的不良贷款率监管也是理论界较为关注的议题，部分学者对此进行了研究。

综观我国不良贷款率信用风险监管的研究中，大部分文献尚未从信贷行为视角探讨银行不良贷款率的影响因素和经济后果，而是从其他角度进行探讨。例如，谭劲松等（2012）从政府干预视角考察了商业银行不良贷款形成的原因。研究发现，政府干预导致银行不良贷款发生，且在国有企业中不良贷款更高，而在市场化程度较高的地区，不良贷款较少。王兵和朱宁（2011）对不良贷款的影响进行了研究，结果发现，相较于大型银行，股份制银行的效率更高，而银行无效率的原因则主要来自不良贷款和非利息收入。

除上述研究之外，也有少数学者从银行信贷行为视角研究了不良贷款率监管的影响因素或经济后果。在这些有限的研究中，王海军和叶群（2018）

考察了贷款类型对不良贷款率的影响，通过实证研究表明，银行信用贷款和质押贷款越多，不良贷款率显著下降；而抵押贷款、保证贷款越多，不良贷款率越高。他们认为，信用贷款通常是与信用等级良好的借款人发生的经济业务，因此违约风险较低；而质押贷款具有易处理等特点，因此导致其信用风险更低。而在不良贷款率监管对信贷行为的影响方面，闻超群和章仁俊（2006）认为，随着银行不良贷款率的上升，银行会表现出"惜贷"行为，其原因主要包括两方面：一是银行担心坏账会进一步增加；二是不良贷款因导致风险加权资产增加而降低资本充足率，进一步抑制了信贷扩张。彭建刚等（2015）利用我国银行业数据研究发现，当银行不良贷款率提高时，会对其业绩产生负面影响，此时，银行将通过选择高风险高收益的信贷项目以提高盈利性。

三、流动性风险监管对银行信贷行为的影响

随着国内外监管机构对银行流动性风险的重视以及流动性风险监管框架的不断完善，越来越多学者开始关注在流动性风险监管压力下，银行流动性风险对信贷行为可能产生的影响，且大部分研究均表明银行流动性风险将会抑制银行信贷供给。

Ivashina 和 Scharfstein（2010）研究了 2008 年国际金融危机期间，来自存款融资渠道和信贷额度方面的流动性压力对贷款供给的影响。结果发现，存款融资渠道越多、流动性压力越小的银行，其信贷收缩程度越小；同时，信贷额度降低风险越小，银行信贷收缩程度越小。Puri 等（2011）利用德国储蓄银行数据研究表明，对于规模较小和流动性水平更受约束的银行，其在金融危机期间更倾向于削减信贷投放。Cornett 等（2011）发现，在金融危机期间，银行会进行流动性管理，这将导致信贷收缩。例如，当银行持有较多非流动性资产时，会努力提高资产流动性水平，导致信贷投放减少。Kim 和Sohn（2017）发现，在金融危机期间，大型银行的流动性水平会显著正向影响资本增长与信贷增长之间的关系。

宋玉颖和刘志洋（2013）以我国上市商业银行 2007~2012 年的数据为基础，通过实证检验发现，当银行流动性比率越大时，银行高风险贷款越多，说明当银行流动性风险较低时，倾向于发放更多高风险贷款。廉永辉和张琳（2015）利用我国银行业数据探讨了银行的结构流动性（包括净稳定资金比率、核心融资比率、存贷比）对流动性冲击与银行信贷行为相互关系的调节效应。具体而言，流动性冲击显著降低了银行贷款增长率，但

结构流动性减弱了该效应，且主要存在于城市商业银行和农村商业银行以及资本充足率水平较高的银行中。陈伟平和张娜（2018）表明，我国商业银行资本监管将导致银行信贷收缩，且该效应在流动性比率较大的商业银行中更明显。马勇和李振（2019）研究发现，当银行资金流动性风险较小时，信贷投放越多。

第四节

信贷顺周期影响因素研究

一、非会计因素与信贷顺周期

第一，资本监管的影响。如前文所述，资本监管可能会导致银行信贷的顺周期效应，因此学者们就资本监管与银行信贷顺周期的相互关系进行了探讨。在相关研究中（Carlson et al.,2013；Kim and Sohn,2017；黄宪和熊启跃，2013；许坤和苏扬，2016），学者们主要结合宏观经济形势以考察资本监管如何影响银行信贷周期性特征。

第二，银行性质的影响。Ibrahim（2016）研究了传统银行与伊斯兰银行在信贷顺周期上表现的差异。结果发现，银行信贷在总体上具有顺周期性质，但将两类银行区分后，信贷顺周期主要表现在传统银行中，伊斯兰银行并不明显，说明伊斯兰银行在一定程度上具有稳定信贷的功能。Cull 和 Martínez Pería（2013）、Bertay 等（2015）从银行所有权视角探讨了银行性质对信贷顺周期的影响。Cull 和 Martínez Pería（2013）研究了东欧和拉丁美洲地区的银行在金融危机之前和期间的信贷行为，结果发现，两个地区的国内私有银行，其贷款增长率在金融危机期间都有所下降。但在东欧地区，外资银行信贷收缩程度比国内私有银行更快，主要是受企业贷款收缩的影响，而国有银行没有表现出逆周期的信贷行为；与此相反，拉丁美洲地区的国有银行，在金融危机期间的企业贷款和消费贷款增长均比其他两类银行更快。Bertay 等（2015）同样研究了国有银行和私有银行在信贷顺周期上的差异，结果发现，相比私有银行，国有银行的信贷顺周期程度更低，尤其在治理良好的国家中更明显。

第三，银行市场结构的影响。Bouvatier 等（2012）运用层次聚类法，按照前三大银行资产份额、赫芬达尔—赫希曼指数（Herfindahl-Hirschman Index，HHI）等指标将银行体系结构进行分类，最后通过面板 VAR 模型回归后发现，虽然信贷对宏观经济冲击有显著反应，但银行体系结构并不是影响信贷顺周期的重要因素。随后，Leroy 和 Lucotte（2019）从国家宏观层面和银行个体微观层面分别进行了实证研究，他们用勒纳指数（Lerner Index）衡量了银行市场竞争程度，检验了银行市场竞争结构对信贷顺周期的影响。结果发现，银行市场垄断程度越高，信贷顺周期效应越明显，对宏观经济波动的影响也越大。在此基础上，Kouretas 等（2020）做了拓展研究，他们用前五大信贷机构总资产的市场份额、HHI 指数以及勒纳指数衡量银行市场结构，从国家宏观层面和银行微观层面检验了市场结构特征对住房抵押贷款、消费贷款、公司贷款的顺周期效应。结果发现，银行市场结构越集中，住房抵押贷款和消费贷款的顺周期性越显著。

二、会计因素与信贷顺周期

第一，公允价值会计的影响。黄世忠（2009）认为，在经济下行时期，公允价值会计会导致银行确认更多损失，进而削弱了银行资本水平和信贷能力，使得经济形势进一步恶化；反之，在经济上行时期，公允价值会计又会导致银行确认更多的收益并减少损失的计提，进而提高了银行资本水平和信贷能力，使经济形势进一步过热。这种效应即为公允价值会计的顺周期效应。国内外均有学者对公允价值会计究竟是否会引发信贷顺周期问题进行了实证检验。例如，潘健平和余威（2020）发现，在中国上市商业银行中，公允价值会计加剧了信贷顺周期效应；Xie（2016）利用美国银行数据，却未发现有证据表明过去两个经济周期中公允价值会计具有信贷顺周期效应。

第二，贷款损失准备计提的影响。不同贷款减值准备计提模式下贷款损失准备的计提是影响银行信贷顺周期的重要因素。学者们对已发生损失模型下贷款损失准备如何影响信贷顺周期进行了较丰富的研究。同时，随着预期信用损失模型的提出，学者们也开始对预期信用损失模型下贷款损失准备如何影响信贷顺周期进行了探讨。

本章小结

本书拟从行业信贷配置和信贷顺周期视角，研究银行预期信用损失模型运用对信贷风险承担行为的影响效应以及相关金融监管因素的影响。基于本书研究问题，本章首先对贷款损失准备的影响因素和经济后果方面的文献进行了回顾，在此基础上，进一步总结了当前关于预期信用损失模型的相关研究。其次，对行业信贷配置的相关文献进行了梳理，包括影响因素和经济后果两个方面。再次，总结了相关金融监管制度或指标影响银行信贷行为方面的文献。最后，对信贷顺周期影响因素方面的文献进行了总结和回顾。在文献梳理的各个部分，本书尤其注意总结与银行信贷行为相关的研究。通过本章文献梳理与回顾，可以更好地探寻本书的研究价值与理论贡献，并为后文研究分析提供理论基础。总体而言，本章文献梳理所发现的主要结论包括以下四个方面：

第一，关于贷款损失准备的研究。目前对银行贷款损失准备经济后果和影响因素的研究较为丰富，并尤其关注以下四个问题：①2008年国际金融危机后，已发生损失模型下贷款损失准备计提是否以及如何引发信贷顺周期效应；②贷款损失准备本身具有的信贷风险信号传递属性将对银行风险承担行为产生怎样的影响；③贷款损失准备作为银行最大应计项目，银行管理层是如何对其操纵而进行盈余平滑的；④会计准则引入预期信用损失模型后，在该模型下计提的贷款损失准备将产生怎样的经济后果。由此可见，与贷款损失准备计提相关的信贷顺周期问题、风险承担问题、盈余平滑行为以及预期信用损失模型的经济后果，一直是学术界热议的焦点。本书将同样围绕这些问题展开研究，这也体现了本书的理论研究价值。我们也注意到，现有文献仍然存在不足，尤其在预期信用损失模型实际运用效果的实证检验方面，研究较缺乏，且结合中国制度环境的研究也较为有限。鉴于此，本书将从实证角度，检验在中国相关金融监管制度下，预期信用损失模型运用对银行信贷风险承担行为的影响效应。

第二，关于行业信贷配置的研究。通过文献梳理发现，该领域的研究具有以下四个特点：一是经济后果方面的研究相对较为丰富，无论是国外还是国内，无论是针对银行还是实体经济，均有所涉及；二是影响因素方面的研究相对有限，且多集中于国内；三是在研究过程中，大部分文献均紧密结合行业信贷风险问题进行讨论，这是因为银行在选择行业信贷配置策略时，风险管控是其需要考虑的重要因素；四是鲜有研究从会计准则规范的微观视角探讨会计准则如何影响银行行业信贷配置。由此可见，现有研究对银行行业信贷配置行为中的风险管控问题非常重视，但缺乏从会计视角对该问题进行研究的文献。而此次会计准则制度变迁中预期信用损失模型的运用为进一步拓展这方面的研究提供了契机，因为预期信用损失模型是与银行信贷风险紧密相关的一项贷款损失准备计提制度，对银行信贷风险承担行为和行业信贷配置行为可能产生重要影响。因此，从拓展行业信贷配置影响因素的研究来看，本书也具有一定的理论研究价值。

第三，关于金融监管制度与银行信贷行为的研究。在所有金融监管制度中，资本充足率监管对银行信贷行为影响的研究文献最为丰富，这也与一系列巴塞尔协议下该监管制度的不断推进和完善有关。除此以外，在流动性风险监管制度下，银行流动性风险如何影响银行信贷行为的研究也较为丰富，这同样与巴塞尔委员会不断推动流动性风险监管制度改革有关。在信用风险监管方面，虽然现有文献多是探讨银行信贷行为如何降低信用风险，但也有少数研究探讨了银行信用风险如何影响其信贷行为。总体而言，上述金融监管制度是影响银行信贷行为的重要因素，因此，本书在探讨预期信用损失模型对信贷行为的影响时，需要结合相关金融监管制度进行分析。只有这样，才能更客观、全面地考察该模型的实际运用效果。

第四，现有文献对信贷顺周期的影响因素研究较为丰富，涉及非会计领域和会计领域若干因素。前者主要包括资本监管制度、银行性质、银行市场结构等，后者主要包括公允价值会计和贷款损失准备计提会计。在贷款损失准备计提这一影响因素的研究中，大部分研究均一致表明，已发生损失模型下贷款损失准备计提具有顺周期性，而进一步的经济后果是导致银行的信贷顺周期效应。而在预期信用损失模型提出之后，越来越多的学者开始探讨这一新贷款损失准备计提模型下信贷顺周期的问题。但遗憾的是，在关于预期信用损失模型的研究中，学者们主要是从理论层面进行分析，较少研究从实证角度进行检验。在有限的实证研究中，也鲜有文献直接考察预期信用损失模型实际运用后对信贷顺周期所产生的影响。基于现有研究的局限性，本书将以 2018 年新 CAS22 的实施为研究背景，运用我国银行业分批采用预期信用损失模型的准自然实验，通过双重差分模型实证检验预期信用损失模型运用对信贷顺周期的影响。

第三章

制度背景

第一节

我国贷款损失准备计提模式变迁

一、我国贷款损失准备计提模式的变迁背景

在会计准则国际趋同大背景下，我国会计准则每次重大改革都顺应着国际趋势和发展方向，贷款减值计提模式变迁也不例外。在此，为更清晰地说明我国贷款损失准备计提模式的变迁过程，本章首先回顾国际会计准则关于贷款损失准备计提模式的改革背景，在此基础上梳理我国贷款损失准备计提模式的变迁过程。

由于会计监管目标与金融监管目标存在差异，使会计准则制定机构与金融监管机构在银行贷款损失准备计提上一直存在争议（丁友刚和岳小迪，2009）。长期以来，按照会计准则要求，商业银行采用已发生损失模型计提贷款损失准备。该模型的引入源于 20 世纪 90 年代美国会计界与金融界之间就贷款损失准备计提问题的一场争论。一方面，会计监管侧重于信息透明，对贷款损失准备计提强调应如实反映信贷资产质量，认为既不能多提也不能少提；另一方面，金融监管侧重于审慎稳健，对贷款损失准备计提强调的是，是否已充分计提贷款损失准备以抵御未来信用风险。在当时金融监管部门的激励下，美国商业银行呈现出过度计提贷款损失准备的现象。这引起包括美国证券交易委员会（United States Securities and Exchange Commission，SEC）在内的会计监管机构的极大关注，同时，SEC 也受到了来自国内外诸多质询，认为银行贷款损失准备计提过度。美国会计界和金融界就银行贷款损失准备计提问题展开了热烈讨论。最终，会计监管机构占据上风，美国太阳信托银行（SunTrust Banks）事件成为重要标志。当时，在 SEC 调查压力下，太阳信托银行调减了 1997 年高达 1 亿美元的贷款损失准备期初余额。随后，国际会计准则委员会（International Accounting Standards Committee，IASC）于 1999 年发布了《国际会计准则第 39 号金融工具：确认和计量》（IAS39），强调金融资产减值计提应采用已发生损失模型，即只有当资产负债表日存在客观证据表明金融资产已发生减值时，才能计提准备金。SEC 和美国联邦金融机构检查委员会（Federal Financial Institutions Examination

Council，FFIEC）于 2001 年也分别发布文件，要求银行根据过去可证实的经验证据计提贷款损失准备（Beck and Narayanamoorthy，2013），也就是要求贷款损失准备计提应采用已发生损失模型。

　　然而，2008 年爆发的国际金融危机再次将已发生损失模型推至风口浪尖，金融监管机构对此进行了严厉抨击，认为已发生损失模型下计提的贷款损失准备太少、太迟，容易导致信贷顺周期效应，进而加剧金融危机（Financial Stability Forum，2009a；Financial Stability Forum，2009b）。在金融审慎监管压力下，国际会计准则理事会（IASB）于 2008 年正式启动金融工具会计处理改革项目。随后，IASB 于 2009 年发布了 IFRS9 征求意见稿，提出金融资产减值计提模式由已发生损失模型变更为预期信用损失模型。2014 年，IASB 发布了 IFRS9 最终稿，明确要求对包括贷款在内的金融资产按照预期信用损失模型计提减值准备，并于 2018 年 1 月 1 日起开始执行。

　　在国际趋同大背景下，我国贷款损失准备计提模式改革一直紧随国际步伐。首先，在借鉴 IAS39 的基础上，我国财政部于 2017 年正式发布了新修订的 CAS22，要求对包括贷款在内的金融资产按照预期信用损失模型计提减值准备。该准则实施的具体时间要求为：在境内外同时上市的企业以及在境外上市并采用国际财务报告准则或企业会计准则编制财务报告的企业，自 2018 年 1 月 1 日起施行；其他境内上市企业自 2019 年 1 月 1 日起施行；执行企业会计准则的非上市企业自 2021 年 1 月 1 日起施行。同时，财政部鼓励企业提前执行。至此，沿用多年的已发生损失模型将逐渐被预期信用损失模型所取代。

二、预期信用损失模型的特点

　　预期信用损失模型最显著的特点在于"前瞻性"（Forword-looking），即银行运用该模型计提减值准备时，不再依赖于客观证据或触发事件计提减值准备，而是利用前瞻性信息对未来预期信用风险进行提前评估，进而及时计提充分的准备金以应对未来风险。根据新修订的 CAS22，预期信用损失模型的具体处理要求包括以下四个方面：①无论金融资产是否出现减值迹象，自取得或生成时起就需计提减值准备。②计提减值时需采用三阶段模型。初始取得或生成金融资产时，属于第一阶段，需确认自报表日起未来 12 个月的预期信用损失，并计提减值准备；当金融资产质量显著恶化、不再满足"风险级别为低"时，应调整为第二阶段，确认整个存续期内的预期信用损失，金融资产的利息收入按照资产账面总额计算（不扣除预期信用损失）；当信用损失事件已经发生，或有客观证据表明已经发生信用减值时，调整为第三阶段，除应确认整个存续期内的预期信用损失外，利息收入应按照扣除预期信用损失后的金融资产净账面价值计算。③银行贷款承诺、财务担保合同等表外资产也纳入减值计提范畴，按照预期信用损失模型计提减值准备。④运用过程中涉及多项重大判断，需合理谨慎，如信用风险是否显著增加的判断标准，对宏观经济变量和多个宏观情景的前瞻性预测，对违约概率、违约损失率和违约风险敞口等关键参数的估计。

总体而言，预期信用损失模型在具体运用时需完成三部分工作：金融资产的阶段划分、预期信用损失计量以及管理层调整。首先，需根据信用状况是否显著恶化或是否出现减值迹象判断金融资产所处的减值计提阶段；其次，按照设置的不同情景和估测的各项参数对预期信用风险进行计量；最后，管理层还需依据宏观环境、行业现状、区域特征等多项因素对估计的减值金额进行调整，确定最终减值计提结果。

为更清晰地说明预期信用损失模型的特点，本书根据上述准则，将其与已发生损失模型进行比较，具体如表3-1所示。首先，从运用时间上来看，预期信用损失模型将从2018年起逐步取代已发生损失模型。其次，从减值计提要求上来看，预期信用损失模型更强调对未来信用风险的预测和估计，在减值计提范围上更广，计提及时性可能更强。但是，复杂程度方面也表明，预期信用损失模型更加复杂，尤其涉及大量主观判断、假设、预测和估计。总体而言，预期信用损失模型具有前瞻性特征，但使用过程中涉及的大量主观判断和估计预测，也可能赋予银行管理层更大自由裁量权。

表 3-1　CAS22 中已发生损失模型与预期信用损失模型比较

比较项目	已发生损失模型	预期信用损失模型
使用时间	主要适用于 2006~2017 年，2018~2021 年仅部分企业采用	自 2018 年起开始分批采用
减值准备计提要求	当资产负债表日存在客观证据表明金融资产发生减值时	初始确认时即需计提自报表日起未来 12 个月的预期信用损失；当信用风险显著增加或有客观证据表明减值发生时，应计提整个存续期内的预期信用损失
复杂程度	相对更易操作，涉及的假设判断和参数估计等相对较少	相对更为复杂，涉及众多假设判断、变量预测和参数估计
总体特点	后视型减值准备计提模式	前瞻型减值准备计提模式

资料来源：笔者根据新旧 CAS22 相关规定整理。

三、我国银行业运用预期信用损失模型的概况

按照新 CAS22 要求，我国商业银行从 2018 年起开始分批采用预期信用损失模型：在境内外同时上市的商业银行以及在境外上市并采用国际财务报告准则或企业会计准则编制财务报告的商业银行，自 2018 年 1 月 1 日起开始采用；其他境内上市商业银行自 2019 年 1 月 1 日起开始采用；执行企业会计准则的非上市商业银行自 2021 年 1 月 1 日起开始采用。由于财政部同时还鼓励提前执行新 CAS22，因此现实中可能存在商业银行提前采用预期信用损失模型的情况。为准确获取每家商业银行实际运用预期信用损失模型的时间，笔者以 BankFocus 数据库中内资银行名单为基础，通过查阅每家银行年度报告，手工收集并整理了各银行采用预期信用损失模型的实际时间。从统计情况来看，我国商业银行对预期信用损失模型的运用呈现出显著的分批性。首先，中国工商银行、中国建设银行、中国银行等 A+H 股上市银行以及盛京银行、徽商银行等仅在 H 股上市的银行，均按准则要求于 2018 年 1 月 1 日起执行预期信用损失模型。其次，兴业银行、华夏银行等仅在 A 股上市的商业银行也按照准则要求于 2019 年 1 月 1 日起执行预期信用损失模型。此外，在上市银行和非上市银行中均存在商业银行提前执行预期信用损失模型的情况。例如，仅在 A 股上市的浦发银行和平安银行于 2018 年 1 月 1 日执行了预期信用损失模型。再如，华融湘江银行、宁夏银行等非上市银行于 2018 年 1 月 1 日已开始执行预期信用损失模型；东莞银行、兰州银行等非上市银行于 2019 年 1 月 1 日开始执行了预期信用损失模型。

笔者在查阅银行年报过程中，还发现关于预期信用损失模型的信息披露具有以定性信息为主、定量信息非常有限的特点。例如，在判断信用风险是否显著增加时，相当一部分银行均有披露重点考察的因素包括宏观经济环境、偿债能力、贷款合约等，但极少银行会披露较详细的定量判断标准。再如，在披露影响前瞻性信息预测的宏观经济因素时，虽然较统一的做法是将国内生产总值、居民消费价格指数等作为关键影响因素，但对这些指标的预测值以及预期信用损失相应的敏感值等定量信息进行披露的银行非常少。同样，虽然较多银行的普遍做法是设置了悲观、基准、乐观三种情景，但鲜有银行披露每种情景下预期信用损失的具体结果和每种情景的权重分配。这透露出预期信用损失模型在我国商业银行实际运用中的三个问题：一是该模型确实存在大量需要主观判断的假设和预测，赋予了管理层较大自由裁量权；二是该模型的信息披露不够完善，尤其定量信息披露非常有限，导致信息透

明度下降，这也加大了银行管理层信息操纵空间；三是该模型的信息披露内容存在一定差异，在可比性方面需要不断加强和完善。

银行业重要监管项目及其相关制度规范

本书在探讨预期信用损失模型所产生的经济后果的过程中，结合了金融监管因素进行分析。为更好展开研究，本部分对相关金融监管制度规范进行梳理和总结。首先，本书介绍了目前我国银行业监管的重要领域和重要项目，并据此分为"银行业风险监管"和"银行业效益监管"两大类，本书第五章和第六章基于这两个维度做了进一步的实证检验。其次，本部分对重要金融监管项目的相关制度规范进行了详细梳理和总结，以为后文实证分析提供理论依据。

一、银行业重要金融监管项目和主要监管指标概述

商业银行经营管理需遵循"三性"原则，即安全性、流动性和盈利性。安全性强调银行的稳健运营，是银行生存和发展的基石（刘信群和刘江涛，2013）；流动性强调债务清偿能力，是银行持续经营的生命线；盈利性强调银行获利能力，是其发展壮大的内在动力（宋光辉等，2016）。"三性"原则各有侧重，相辅相成，缺一不可，是银行体系有序运营和健康发展的重要基础。

银行运营中"三性"原则的重要地位决定了银行体系金融监管的重心——对银行安全性、流动性和盈利性的监管。目前我国银行业监管部门所监管的重点领域围绕上述三个方面展开。如表 3-2 所示，该表列示了国家金融监督管理总局自 2015 年起每年所披露的《商业银行主要监管指标情况表》中的主要项目。从表中可以看到，目前我国监管部门对商业银行的主要监管项目包括资本充足率监管、信用风险监管、流动性风险监管和效益性监管[1]。其中，资本充足率监管的目的是通过监控资本抵御未来风险的能力以确保银行的安全稳健，主要包括核心一级资本充足率、资本充足率等指标；信用风险监管的目的是拟通过测评相关信用风险指标以监控银行的信用风险，进而避免银行遭受信用损失，主要包括不良贷款率、拨备覆盖率等指标。由此可

---

[1] 这四类监管项目的划分及名称均是依据国家金融监督管理总局披露的《商业银行主要监管指标情况表》。

见，上述两个项目是针对银行安全性进行的监管约束。而流动性风险监管的目的是抵御银行因无法以合理成本及时获取充足资金，进而难以履行清偿债务等支付义务以及难以满足正常业务开展所需资金需求的风险，主要涉及流动性比例、流动性覆盖率等监管指标。因此，流动性风险监管是针对银行"三性"中的流动性。银行效益监管则主要是指对银行各类业绩指标进行考核与评价，进而促使银行提高整体效益，包括资产利润率、资本利润率等指标。因此，效益监管针对的是银行"三性"中的盈利性。

表 3-2 《商业银行主要监管指标情况表》中主要监管项目和指标

主要监管项目	主要监管指标
资本充足率	核心一级资本充足率、一级资本充足率、资本充足率
信用风险	不良贷款率、拨备覆盖率、贷款拨备率
流动性风险	流动性比例、流动性覆盖率、存贷比、人民币超额备付金率
效益性	资产利润率、资本利润率、净息差、非利息收入占比、成本收入比

资料来源：笔者根据国家金融监督管理总局自 2015 年起每年所披露的《商业银行主要监管指标情况表》整理（含原中国银行业监督管理委员会、原中国银行保险监督管理委员会公布的相关数据）[①]。

本书认为，由于资本充足率监管、信用风险监管以及流动性风险监管均侧重于银行的安全性与风险管控，因此，本书将其统称为"银行业风险监管"；而效益监管则是针对银行盈利能力和业绩进行考核与监督的制度安排，因此本书将其单独作为一类，称为"银行业效益监管"。

上述关于银行"三性"原则、金融监管部门的主要监管项目与监管指标，以及本书对主要监管项目的类型划分，其相互关系如图 3-1 所示。图 3-1 中按自下而上的顺序可以看到，本书将银行业主要监管项目划分为银行业风险监管和银行业效益监管。银行业风险监管包括资本充足率监管、信用风险监管和流动性风险监管，其主要针对银行安全性和流动性等风险问题进行监督；与银行业风险监管并列的类型是银行业效益监管，其主要针对银行盈利问题进行监督与评价。两类监管对银行信贷风险承担行为的作用方式存在差异，因而对预期信用损失模型运用的信贷风险承担效应可能产生不同影响，因此，

---

① 中国银行业监督管理委员会（以下简称"银监会"）已于 2018 年和中国保险监督管理委员会（以下简称"保监会"）合并为中国银行保险监督管理委员会（以下简称"银保监会"）。2023 年 3 月，中共中央、国务院印发了《党和国家机构改革方案》，决定在中国银行保险监督管理委员会基础上组建国家金融监督管理总局，不再保留中国银行保险监督管理委员会。2023 年 5 月 18 日，国家金融监督管理总局正式挂牌。

本书第五章和第六章在实证分析过程中，将分别从上述两类监管出发，探讨金融监管因素对预期信用损失模型信贷风险承担效应的进一步影响。

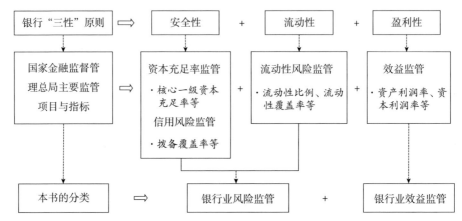

图 3-1　银行"三性"原则、主要监管项目、本书类型划分之间的相互关系

资料来源：笔者根据相关资料整理。

二、银行业重要监管项目的相关制度规范

上文从银行"三性"原则出发，同时结合近年来国家金融监督管理总局所发布的《商业银行主要监管指标情况表》，总结了现阶段我国银行业主要金融监管项目和重要指标，并基于其特征划分为银行业风险监管和银行业效益监管两类。在此基础上，下文将对上述各监管项目的相关制度规范变迁历程进行详细梳理，以更清晰地说明其监管目标、指标设定、计算公式、惩罚措施等，这将为后文实证分析提供理论依据。

（一）银行业风险监管的相关制度规范

1. 资本充足率监管

自 1995 年《中华人民共和国商业银行法》（以下简称《商业银行法》）正式提出资本监管要求以来，我国银行监管部门在不断借鉴巴塞尔委员会最新成果的基础上，结合我国银行业自身发展情况，持续对我国银行业资本充足率监管制度进行修订和完善。按照时间顺序，笔者将我国资本充足率监管分为三个阶段。

（1）第一阶段：1995~2003 年。1995 年实施的《商业银行法》明确规定，我国商业银行资本充足率不得低于 8%，标志着我国银行业正式开始实施资本充足率监管制度。随后，1996 年又对资本充足率计算方法提出具体要求，规定资本净额与表内、外风险加权资产总额的比例不得低于 8%，其中核心资本不得低于 4%，附属资本不能超过核心资本的 100%。

（2）第二阶段：2004~2012 年。为进一步加强我国银行金融体系的稳健安全，同时结合当时即将出台的《巴塞尔协议 Ⅱ》最新成果，银监会于 2004 年 2 月 23 日发布了《商业银行资本充足率管理办法》，要求从 2004 年 3 月 1 日起正式施行。该办法进一步完善了我国资本充足率监管制度，在计算方法、信息披露、监管措施等方面做了更详细、科学的修订与改进。

该办法具体改进包括以下三个方面：①鉴于我国商业银行经营过程中市场风险不断增加，同时借鉴国际做法，规定在计算资本充足率时，分母除考虑加权风险资产外，部分银行还应考虑市场风险因素。②在资本充足率监管基础上，《巴塞尔协议 Ⅱ》还提出将监管部门监督检查和市场约束结合，共同作为三大支柱构成银行业新的监管框架。《商业银行资本充足率管理办法》也相应对监管部门监督检查和市场约束提出了具体要求，如在监督检查方面，提出了一系列易操作的标准和程序，确保监督职能的履行与落实。在信息披露方面，就风险管理目标、资本内容、信用风险信息等方面制定了详细披露要求，以提高信息透明度，加强市场约束力量的监督功能。③为切实发挥资本监管作用，《商业银行资本充足率管理办法》制定了明确的监管惩罚措施，规定按照资本充足率水平，将银行分为资本充足、资本不足、资本严重不足三类，并针对各类银行采取相应监管措施。

（3）第三阶段：2013 年至今。2008 年国际金融危机的爆发，将银行风险防控问题推至前所未有的高度。同时，金融危机也暴露出当前资本监管制度可能导致的信贷顺周期等负面经济后果。鉴于此，巴塞尔委员会对《巴塞尔协议 Ⅱ》进行了重大改革，于 2010 年发布了《巴塞尔协议 Ⅲ》，建立了银行资本监管新标准。近年来我国银行业信贷业务不断扩张，跨业和跨境经营不断涌现，银行业面临的经营风险持续增加，如何有效提高新环境和新发展模式下银行的风险抵御能力，成为资本监管制度所要考虑的新问题。在此背景下，银监会对现行资本监管制度进行修订，于 2012 年 6 月 7 日发布了《商业银行资本管理办法（试行）》，决定从 2013 年 1 月 1 日起实施，同时废止了《商业银行资本充足率管理办法》。

《商业银行资本管理办法（试行）》全面引入《巴塞尔协议 Ⅲ》确立的最新资本监管框架，在最低资本标准、资本定义、风险加权资产计量等方面都与其保持一致。同时，还结合我国具体情况，在资产风险权重等方面做了相应调整。相较《商业银行资本充足率管理办法》，《商业银行资本管理办法

（试行）》主要改进包括以下六个方面：

第一，在资本内容方面，进一步细化了资本分类，将原规定中的核心资本和附属资本的划分方法改为核心一级资本、其他一级资本和二级资本。

第二，在风险资产加权方面，除计算信用风险加权资产外，还要求所有银行须计提市场风险加权资产和操作风险加权资产，进一步扩大了资本覆盖的风险范围。

第三，建立了多层次资本监管体系，为资本充分覆盖银行个体风险和系统性风险提供了重要保障。《商业银行资本充足率管理办法》仅包括资本充足率和核心资本充足率两个层次，而《商业银行资本管理办法（试行）》在此基础上扩展为四个层次。其中，第一层次为最低资本监管要求，包括核心一级资本充足率、一级资本充足率、资本充足率；第二层次为储备资本要求和逆周期资本要求，其主要目的是缓解资本监管可能引发的顺周期等问题；第三层次为针对系统重要性银行提出的附加资本要求；第四层次为针对单家银行具体风险状况提出的第二支柱资本要求。

第四，提高了资本充足率最低标准。例如，对于系统重要性银行，要求在 2018 年底核心一级资本充足率不低于 8.5%，一级资本充足率不低于 9.5%，资本充足率不低于 11.5%（不考虑逆周期资本要求时）；其他银行（中小银行）的核心一级资本充足率、一级资本充足率和资本充足率最低要求分别为 7.5%、8.5%、10.5%（不考虑逆周期资本要求时）。可见，对于系统重要性银行，最低资本充足率要求提高至 11.5%；其他银行提高至 10.5%。

第五，根据银行资本充足率水平，将银行由原来的三分类改为四分类。2004 年实施的《商业银行资本充足率管理办法》行之有效，在较大程度上提高了我国银行资本充足率水平。至 2012 年时，我国商业银行资本充足率已普遍远高于最低监管标准。鉴于此，《商业银行资本管理办法（试行）》结合四个层次的资本充足率监管标准，将商业银行按照其资本充足率高低分为四种类型：第一类为满足所有四个层次资本监管要求的银行；第二类为仅满足最低资本要求、超额资本要求和附加资本要求的银行；第三类为仅满足最低资本要求的银行；第四类为未达到最低资本要求的银行。同时，针对未达到各级资本充足率监管要求的银行，制定了严厉监管措施。

第六，《商业银行资本管理办法（试行）》还结合我国实际情况，对部分资产风险权重做了调整。例如，将符合条件的小微企业债权风险权重从 100% 下调至 75%，以激励银行更好地服务小微企业，促进实体经济发展。

总体而言，我国资本充足率监管制度在与国际监管制度持续趋同的基础上，结合我国银行业实际情况，不断进行了修订与完善。现行《商业银行资本管理办法（试行）》设计了多层次资本监管体系，制定了严格监管措施，合理调整了风险资产权重，为更好地维护我国银行业稳健经营、促进实体经济健康发展发挥了重要作用。表3-3总结了近年来资本充足率监管方面的重要制度规范及其对应的主要监管指标。

表3-3 资本充足率监管重要制度规范和主要监管指标

发布时间	文件名称	主要监管指标
1995 年	《中华人民共和国商业银行法》	资本充足率
1996 年	《中国人民银行关于印发商业银行资产负债比例管理监控、监测指标和考核办法的通知》	资本充足率
2004 年	《商业银行资本充足率管理办法》	核心资本充足率、资本充足率
2012 年	《商业银行资本管理办法（试行）》	核心一级资本充足率、一级资本充足率、资本充足率

资料来源：笔者根据相关监管制度规范整理。

2. 信用风险监管

信用风险是银行最主要的风险类型之一，信用风险监管一直是监管层关注的核心领域。对于银行业信用风险监管而言，虽然没有独立的规范文件，但与其相关的制度规定一直散见于多项政策文件中。本书按照时间先后顺序，将近年来与信用风险监管相关的制度规范进行梳理，分析其制度变迁历程，并对信用风险监管相关的指标设定与监管要求进行总结。

第一，《中国人民银行关于印发商业银行资产负债比例管理监控、监测指标和考核办法的通知》中的相关规定。该通知包括资本充足率、存贷比、中长期贷款比例、资产流动性比例、贷款质量、资产利润率等16个方面的指标。其中，贷款质量指标与银行信用风险监管相关，具体包括逾期贷款余额与各项贷款余额之比、呆滞贷款余额与各项贷款余额之比、呆账贷款余额与各项贷款余额之比，并分别规定其监管标准为不得超过8%、5%、2%。

第二，《国有独资商业银行考核评价办法》[①]的相关规定。1997年亚洲金

---

① 该文件内容分析主要根据若干文献收集而得。高宇，吴治民，杨鸿.金融危机背景下我国商业银行外部绩效评价研究［J］.投资研究，2011（5）：37-41；张卫.中外银行业有效竞争的外部性比较［J］.经济问题，2008（9）：81-84；刘鹏飞.从"合规性监管"到"风险性监管"看我国银行业监管的转变［J］.统计与决策，2005（19）：120-121.

融危机所带来的巨大危害引起了社会各界对此次金融危机的反思，尤其促使金融监管机构开始进一步关注对金融业的风险管控和效益考核。在此背景下，以中国人民银行为主导，金融监管部门于2000年对我国主要金融机构的"三性"（效益性、安全性、流动性）展开了大检查。随后，中国人民银行根据国有商业银行实际情况，出台了系统性综合评价指标体系——《国有独资商业银行考核评价办法》。

该评价体系包括资产质量、盈亏能力、流动性和资本充足率四个方面的定量指标。其中，资产质量侧重于反映银行信用风险，具体通过逾期贷款率、呆滞贷款率、呆账贷款率、信贷资产风险抵补率四个指标进行评价。这也是关于我国商业银行信用风险监管的早期评价体系。

总体而言，该评价体系的主要目的是对国有商业银行经营业绩实行动态评估，进而帮助其化解金融风险、提高经营效益。实践证明该举措确实取得了一定成效。例如，2001年，国有商业银行首次实现了不良贷款率和余额双降的目标。但是，随着我国银行业的迅速发展，该评价体系的局限性越来越明显。首先，其适用范围过于狭窄，仅针对国有商业银行，而对同样面临类似风险问题的股份制银行、城市商业银行等却无法适用。其次，随着商业银行业务模式和经营活动的不断改革创新，该评价体系中部分指标略显陈旧，尤其涉及信用风险监管的"呆滞贷款率""呆账贷款率"等，已无法适应彼时银行业发展的实际情况。

第三，《商业银行监管评级内部指引（试行）》的相关规定。银行业的不断发展对我国银行体系的风险防范和管控提出了更高要求，监管部门需要从多个维度全方位衡量银行风险表现形态，进而进行有效监督。同时，鉴于《国有独资商业银行考核评价办法》的局限性，银监会于2005年颁布《商业银行监管评级内部指引（试行）》，并以此为依据对境内依法设立的所有商业银行进行监管评级。该评级体系以国际通用的"骆驼"（CAMEL）评级体系为基础，同时广泛吸收其他国家的先进经验，并结合我国实际情况做了相应调整和完善。

该评级体系包括资本充足状况、资产质量状况、管理状况、盈利状况、流动性状况和市场风险六个维度。其中，资产质量状况侧重于反映信用风险情况，在定量指标上包括不良贷款率和不良资产率、正常贷款迁徙率、次级类贷款迁徙率、可疑类贷款迁徙率、单一集团客户授信集中度/授信集中度、全部关联度、贷款损失准备充足率/资产损失准备充足率。同时，还设定了定性评价因素，如不良贷款和其他不良资产的变动趋势及其对银行整体资产质量状况的影响、贷款行业集中度以及对银行资产质量状况的影响等。该评级体系中的资产质量状况评价指标较《国有独资商业银行考核评价办法》中的指标更为完整和全面，是对银行信用风险评价的进一步改进和完善。

总体而言，该评级体系内容较为丰富，同时采用定量与定性、单项评价与综合评价相结合的方式，对商业银行经营状况进行系统性评级。一方面，该评级结果将作为监管部门有效识别和分析银行风险问题的重要依据，在银行风险监管过程中发挥了重要作用。另一方面，该评级体系也尚存若干局限性。例如，其包含的定性评价指标主观性较强；在对资本充足状况、资产质量状况等各个维度的权重分配上，其科学性和合理性也有待进一步论证。

第四，《商业银行风险监管核心指标（试行）》的相关规定。2003 年银监会成立后，开始确立银行风险监管理念，明确提出要对商业银行进行"管法人、管风控、管内控、提高透明度"的风险监管。随后，银监会在参照巴塞尔委员会发布的《有效银行监管的核心原则》的基础上，于 2006 年 1 月 1 日颁布并施行了《商业银行风险监管核心指标（试行）》，标志着我国第一次建立了对商业银行事实风险监管的基准。

该指标体系包括风险水平类（流动性风险、信用风险、市场风险、操作风险）、风险迁徙类（正常贷款迁徙率、不良贷款迁徙率）、风险抵补类（盈利能力、准备金充足程度、资本充足程度）三个维度的评价指标。且对大部分指标均设定了银行应达到的基准值。其中，风险水平类包括信用风险，其主要衡量指标为不良资产率、单一集团客户授信集中度、全部关联度。

该指标体系借鉴了当时《巴塞尔协议》的最新成果，风险指标设计更为完善全面，如在风险水平类指标中包括流动性风险、信用风险、市场风险和操作风险各个方面。同时，该指标体系不仅是监管部门对银行风险评价、监测和管控的重要参考依据，而且是督促银行董事会在日常风险管理中进行自查的重要依据，因此也有利于提高银行自身风险管控能力。

第五，《商业银行贷款损失准备管理办法》的相关规定。银监会于 2011 年发布了《商业银行贷款损失准备管理办法》，要求于 2012 年 1 月 1 日起施行。该办法拟通过强化贷款损失准备计提的动态性和前瞻性，提升银行风险防控能力。其中明确要求，银行应设置贷款拨备率和拨备覆盖率两项指标用于考核拨备计提的充足性，并规定其基本标准分别为 2.5% 和 150%。这也是 2008 年国际金融危机之后，为提高银行业的风险抵御能力，监管部门所设定的较高监管标准。随着经济形势的好转和供给侧结构性改革的推进，为更好地促进银行服务实体经济，并加大不良贷款处置力度，银监会于 2018 年发布了《关于调整商业银行贷款损失准备监管要求的通知》，规定贷款拨备率由 2.5% 调整为 1.5%~2.5%，拨备覆盖率由 150% 调整为 120%~150%。

第六，《金融企业绩效评价办法》的相关规定。除中国人民银行和国家金融监督管理总局等金融监管机构外，财政部也制定了与银行监管和考核相关的制度规范。为有效评价和监督金融企业营运质量，提升金融企业经营效益，财政部于 2011 年发布了《金融企业绩效评价办法》，在 2016 年又对此进行了修订和完善，并于同年开始施行。

新修订的《金融企业绩效评价办法》包括盈利能力、经营增长状况、资产质量和偿付能力四个维度的评价指标。其中，资产质量指标是对银行信用风险的反映和衡量，具体包括拨备覆盖率、资产减值准备与总资产比例、不良贷款率、流动性比例、杠杆率、综合流动比率、综合投资收益率、应收账款比率、净资本与净资产比率、净资本与风险准备比率 10 个指标。

第七，《商业银行绩效评价办法》的相关规定。随着我国市场机制的不断完善，以及商业银行服务实体经济和微观经济功能的凸显，财政部在《金融企业绩效评价办法》的基础上，针对我国商业银行现状，进一步制定了《商业银行绩效评价办法》，于 2020 年 12 月正式发布，并要求于 2021 年 1 月 1 日起施行。

该评价办法从服务国家发展目标和实体经济、发展质量、风险防控、经营效益四个维度设定了评价指标。其中，风险防控包括不良贷款率、不良贷款增速、拨备覆盖水平、流动性比例和资本充足率。而不良贷款率、不良贷款增速、拨备覆盖水平是与银行信用风险相关的评价指标。

上述政策文件均有涉及银行信用风险监管的制度规范，为更清晰地说明这些监管文件的规定，表 3-4 列出了上述监管文件及与之对应的信用风险监管指标。从表 3-4 中可以看到，在银行业的信用风险监管中，不良贷款率、拨备覆盖率等指标一直是其监管的核心指标，在信用风险监管中具有重要地位。

表 3-4　信用风险监管重要制度规范和主要监管指标

发布时间	文件名称	主要监管指标
1996 年	《中国人民银行关于印发商业银行资产负债比例管理监控、监测指标和考核办法的通知》	逾期贷款余额与各项贷款余额之比、呆滞贷款余额与各项贷款余额之比、呆账贷款余额与各项贷款余额之比
2000 年	《国有独资商业银行考核评价办法》	逾期贷款率、呆滞贷款率、呆账贷款率、信贷资产风险抵补率

续表

发布时间	文件名称	主要监管指标
2005 年	《商业银行监管评级内部指引（试行）》	不良贷款率和不良资产率、正常贷款迁徙率、次级类贷款迁徙率、可疑类贷款迁徙率、单一集团客户授信集中度 / 授信集中度、全部关联度、贷款损失准备充足率 / 资产损失准备充足率
2006 年	《商业银行风险监管核心指标（试行）》	不良资产率、单一集团客户授信集中度、全部关联度
2011 年发布、2018 年调整	《商业银行贷款损失准备管理办法》	贷款拨备率、拨备覆盖率
2011 年发布、2016 年修订	《金融企业绩效评价办法》	拨备覆盖率、资产减值准备与总资产比例、不良贷款率等
2020 年	《商业银行绩效评价办法》	不良贷款率、不良贷款增速、拨备覆盖水平

资料来源：笔者根据相关监管制度规范整理。

3. 流动性风险监管

流动性风险是指商业银行因无法以合理成本及时获取充足资金，进而难以履行清偿债务等支付义务以及难以满足正常业务开展所需资金需求的风险。流动性风险监管对银行自身发展以及整个银行金融体系的安全运行至关重要。自 2008 年国际金融危机发生以来，巴塞尔委员会对流动性风险监管框架持续推进。而我国银行业也面临着不断变化的经营环境，银行流动性暴露出前所未有的新问题。在此背景下，我国金融监管机构对银行业流动性风险管理规范进行了多次修订与调整，为维护我国银行体系安全运行发挥了重要作用。现就近年来发布的重要制度规范进行梳理和回顾。

首先，银监会于 2009 年发布了《商业银行流动性风险管理指引》（以下简称《流动性指引》），从流动性风险管理体系、流动性风险监督管理等方面建立了较完整的商业银行流动性风险管理基本监管框架。

而 2008 年国际金融危机之后，巴塞尔委员会于 2010 年发布了《巴塞尔协议Ⅲ》，首次提出全球统一的流动性风险定量监管标准，2013 年进一步对"流动性覆盖率"等监管指标进行了修订完善。银监会对此进行了借鉴，并结合我国实际情况，进一步制定了《商业银行流动性风险管理办法（试行）》（以下简称《流动性办法（试行）》），并要求于 2014 年 3 月 1 日起施行。《流动性办法（试行）》较《流动性指引》更加详细完善，主要体现在以下三个方面：一是除定性要求外，引入了《巴塞尔协议Ⅲ》提出的"流动性覆盖率"这一新的定量监管指标，同时结合传统的"存贷比""流动性比例"指标，将其共同作为合规性定量监管指标；二是强调微观审慎与宏观审慎相结合，从银行个体层面、监管机构层面、整体市场层面、宏观政策层面等多视角、多层次进行流动性风险分析和管理；三是针对外资银行的特殊问题，制定了相应的流动性风险管理规定。

2015 年，银监会再次对《流动性办法（试行）》进行修改，并要求于 2015 年 10 月 1 日起施行。此次修改的主要变化是，将"存贷比"从合规性监管指标调整为流动性风险监测工具。

随着国内外经济形势进一步变化，以及我国商业银行经营业务不断呈现出新特点，同时借鉴巴塞尔委员会最新成果，银保监会再次对《流动性办法（试行）》进行修订，并于 2018 年 5 月发布了《商业银行流动性风险管理办法》（以下简称《流动性办法》），要求于 2018 年 7 月 1 日起施行。此次修订除优化了部分指标计算方法并对若干流动性风险管理规定进行细化外，还针对不同资产规模的银行设定了不同定量指标，包括以下两个方面：①当银行资产规模大于或等于 2000 亿元时，适用的监管指标为流动性覆盖率、净稳定资金比例、流动性比例、流动性匹配率；②当资产规模小于 2000 亿元时，适用的监管指标为优质流动性资产充足率、流动性比例和流动性匹配率。

为更清晰说明我国流动性风险监管制度的推进过程及主要监管指标，笔者按照时间顺序，将上述监管制度归纳如表 3-5 所示。可以看到，我国商业银行流动性风险监管制度不断顺应国际监管框架和我国银行业发展变化，日趋科学、完善。现行的《商业银行流动性风险管理办法》不仅引入了巴塞尔委员会最新改革成果中的"流动性覆盖率""净稳定资金比例"等最新指标，还针对不同规模的银行制定了与其特征相匹配的流动性风险监管指标。这些指标各有侧重、相互补充，从不同角度对银行流动性风险进行全方位评估和监控，为商业银行提高流动性风险管控能力和整个银行体系稳健发展提供了重要保障。

表 3-5　流动性风险监管重要制度规范和主要监管指标

发布时间	文件名称	主要监管指标
2009 年	《商业银行流动性风险管理指引》	—
2014 年	《商业银行流动性风险管理办法（试行）》	流动性覆盖率、存贷比、流动性比例
2015 年	修改后的《商业银行流动性风险管理办法（试行）》	流动性覆盖率、流动性比例

续表

发布时间	文件名称	主要监管指标
2018 年	《商业银行流动性风险管理办法》	资产规模大于或等于 2000 亿元人民币的银行：流动性覆盖率、净稳定资金比例、流动性比例、流动性匹配率 资产规模小于 2000 亿元人民币的银行：优质流动性资产充足率、流动性比例、流动性匹配率

资料来源：笔者根据相关制度规范整理。

（二）银行业效益监管的相关制度规范

商业银行不仅需防风险，同时也应求发展，而银行的效益性和盈利性是其发展壮大的内在动力。因此，银行效益和业绩历来是监管部门关注和考核的焦点，监管部门也相应制定了一系列相关的监管规范。但与信用风险监管类似，与银行效益监管相关的制度规范同样散见于多项政策文件中，尚无独立的制度规定。在此，本书将这些规范文件中与银行效益监管相关的重要指标总结如表 3-6 所示。

表 3-6　银行效益监管重要制度规范和主要监管指标

发布时间	文件名称	主要监管指标
1996 年	《中国人民银行关于印发商业银行资产负债比例管理监控、监测指标和考核办法的通知》	资本利润率、资产利润率
2000 年	《国有独资商业银行考核评价办法》	资产利润率、资本利润率、人均利润率、利息回收率、应付利息充足率、效率比率
2005 年	《商业银行监管评级内部指引（试行）》	资产利润率、资本利润率、成本收入比率、风险资产利润率
2006 年	《商业银行风险监管核心指标（试行）》	成本收入比、资产利润率、资本利润率
2011 年发布、2016 年修订	《金融企业绩效评价办法》	资本利润率（净资产收益率）、资产利润率（总资产报酬率）、成本收入比、收入利润率、支出利润率、加权平均净资产收益率
2020 年	《商业银行绩效评价办法》	（国有）资本保值增值率、净资产收益率、分红上缴比例

资料来源：笔者根据相关制度规范整理。

从表 3-6 中可以看到，我国监管部门历来高度重视对商业银行效益的监管和评价，在监管指标设定上也在不断完善和改进。在此其中，资本利润率、资产利润率等指标一直处于核心地位，是商业银行效益监管中的重要指标。

本章小结

本章梳理了与本书相关的制度背景，具体包括两个方面：一是我国贷款损失准备计提模型变迁的具体过程，主要回顾了变迁背景、现行预期信用损失模型的特点，以及我国商业银行运用预期信用损失模型的概况；二是我国银行体系重要金融监管制度与规范，包括现阶段监管部门对商业银行的重要监管项目及其相关制度规范的变迁历程和具体规定。通过本章回顾与总结，读者可以更好地理解本书研究问题、研究框架、假设推理、结果分析等内容。现就本章主要结论及与本书其他章节之间的相互关系归纳如下。

首先，在贷款损失准备计提模式的制度背景介绍中，可以发现以下三个特点：一是从贷款损失准备计提模式的变迁过程来看，预期信用损失模型在银行信贷行为方面的经济后果是各方关注的焦点。同时，该模型又具有提前预警功能，因此与信贷风险信息传递和信贷风险行为紧密相关。也正是基于此，本书聚焦于高风险行业和信贷顺周期性，探讨预期信用损失模型的信贷风险承担效应问题。二是从预期信用损失模型的特点来看，该模型相对于已发生损失模型，具有明显的"前瞻型"导向特征。但大量的前瞻性预测、估计和假设，也引出另一个问题——赋予了银行管理层较大自由裁量权，增加了其盈余管理空间。因此，预期信用损失模型运用之后，银行的贷款损失准备盈余管理行为及其对信贷风险承担行为的影响值得密切关注。基于此，本书在第六章中，结合银行业金融监管制度中的效益监管，探讨了预期信用损失模型下贷款损失准备盈余平滑行为对高风险行业信贷配置规模可能产生的影响。三是从我国银行业运用预期信用损失模型的实际情况来看，我国商业银行已经开始陆续采用预期信用损失模型，这为实证检验预期信用损失模型的实际运用效果提供了条件；同时，分批采用的特征也为本书通过双重差分模型对相关问题进行检验提供了良好的准自然实验环境。

其次，在对我国银行体系重要监管制度的总结与回顾中，本书探讨了商业银行经营的"三性"原则，并总结了现阶段银行业监管的重要领域及其与

"三性"原则的对应关系。在此基础上，本书认为，现阶段银行业监管主要包括银行业风险监管和银行业效益监管，其中，银行业风险监管具体包括资本充足率监管、信用风险监管和流动性风险监管；银行业效益监管主要是指对银行业绩的考核和评价。基于这一框架，本书在第四章进行基本实证分析之后，将在第五章和第六章分别结合银行业风险监管和银行业效益监管做深入探讨。此外，本书这一部分还对资本充足率监管、信用风险监管、流动性风险监管和效益监管的相关制度规范进行了详细梳理，以为后文实证检验部分的假设推导、结果分析等提供重要理论依据。

预期信用损失模型运用
与高风险行业信贷配置

第一节

引言

贷款损失准备计提的已发生损失模型因其"后视型"（Backward-looking）特征而一直饱受"诟病"，被认为在贷款损失准备计提上太少、太迟而无法及时反映未来信用风险（Cohen and Jr，2017；Marton and Runesson，2017）。2008 年的国际金融危机更是将其推至"风口浪尖"。迫于金融审慎监管压力，IASB 自 2008 年启动金融工具会计处理改革项目以来，一直致力于对贷款损失准备计提模型的变革探索。经过多年努力，IASB 最终于 2014 年正式发布了 IFRS9，并引入一种全新的贷款损失准备计提模式——预期信用损失模型。紧随会计准则国际趋同步伐，我国财政部也于 2017 年发布了新修订的 CAS22 准则，在借鉴 IFRS9 的基础上同样引入了预期信用损失模型，并要求我国商业银行于 2018 年起开始分批采用该模型计提贷款损失准备。

按照上述准则要求，目前国内外已有相当一部分商业银行开始采用预期信用损失模型，该模型的运用似乎已是大势所趋（丁友刚和王彬彬，2017）。然而，由于该模型的复杂性和前瞻性所导致的一系列不确定性经济后果，使各方对该模型的讨论从未停止，甚至存在较大争议。虽然该模型的引入旨在通过提供更具前瞻性的贷款减值信息，解决已发生损失模型下贷款损失准备计提滞后性问题（Agenor and Zilberman，2015；Morais et al.，2020），并希望能因此进一步缓解银行信贷供给的顺周期效应，提高银行系统的安全性与稳定性（邱月华和曲晓辉，2016；Vasilyeva and Frolova，2019），但该目标是否能够有效实现，目前尚不明朗。同时，由于该模型的运用包含众多主观判断和预测估计，可能加大银行管理层盈余管理空间（王菁菁和刘光忠，2014；Cohen and Jr，2017），因此也引发了各方对其负面经济后果的担忧（邱月华和曲晓辉，2016）。因此，预期信用损失模型运用之后究竟会产生怎样的经济后果，是否值得继续推行，又该如何有效推行？这是一个亟待实证检验的问题。

在预期信用损失模型的众多经济后果中，关于银行信贷风险承担行为的探讨尤为重要。当前正值我国供给侧结构性改革不断深化的关键时期，金融稳定对国家发展与安全至关重要（唐文琳和金鹤，2020）。在整个金融体系中，银行业居于核心地位，其信贷风险防控具有举足轻重的地位。而预期信用损失模型本身是一种信用风险预测模型，其基本功能能起到风险预测和防范作用。因此，在众多经济后果中，选择探讨预期信用损失模型运用对银行信贷风险承担行为的影响，不仅有助于评估预期信用损失模型在风险防范方面功能的发挥，同时也对维护我国银行金融体系的安全稳定具有重要现实意义。

从行业信贷配置视角展开讨论尤其具有研究价值。一方面，银行信贷风险的高低取决于信贷的最终投向（王蕾等，2019），包括行业投向。因此，将银行的信贷风险承担行为聚焦于行业信贷配置决策上，将更有助于从信贷微观配置结构中考察银行信贷风险承担行为的变化及其对整体风险的影响。另一方面，银行的行业信贷配置决策还与实体经济发展紧密相关，行业信贷配置决策的改变将可能对实体经济发展产生重要影响。因此，从行业信贷配置视角考察预期信用损失模型运用下银行信贷风险承担行为的变化，还有助于研究预期信用损失模型运用对银行支持实体经济的力度和作用将产生怎样的影响。

基于上述思考，本章将从行业信贷配置视角出发，探讨预期信用损失模型运用对银行风险承担行为的影响。由于本书重点关注的是预期信用损失模型在信贷风险防控中的作用，因此在行业分析中将聚焦于坏账风险较高的行业（本书称为"高风险行业"）。此外，由于贷款是银行主要的资产项目之一，贷款损失准备也是银行重要的金融资产减值项目之一，因此，本章对预期信用损失模型运用效应的机理分析将从贷款损失准备计提视角进行探讨。

具体而言，本章将以我国商业银行分批采用预期信用损失模型的准自然实验为背景，利用2015~2019年商业银行数据，通过双重差分模型实证检验以下三个子问题：一是银行运用预期信用损失模型后，贷款损失准备计提将对高风险行业信贷配置规模产生怎样的影响？二是出现上述效应的作用路径是什么？该效应是否具有持续性？三是当高风险行业信贷配置规模发生变化后，最终将对银行的整体风险和利润效率产生怎样的影响？

对于上述问题，本章通过实证检验发现，我国商业银行运用预期信用损失模型之后，贷款损失准备计提越多，银行对高风险行业的信贷配置规模越小。因此表明，在预期信用损失模型运用之后，银行通过贷款损失准备计提显著抑制了其信贷风险承担行为。但也意味着银行对制造业、批发和零售业这类高风险行业信贷配置规模的收缩，将可能影响银行支持实体经济的力度。作用路径检验发现，上述抑制效应可能来自两条渠道：一是预期信用损失模型下贷款损失准备计提导致的资本充足率下降，可能约束了银行的信贷风险承担行为，进而导致高风险行业信贷配置规模下降；二是预期信用损失模型下贷款损失准备计提及时性的提高可能加强了未来信用风险信息传递的有效性，进而抑制了银行风险承担行为，减少了其对高风险行业的信贷投放。此外，本章还发现，预期信用损失模型下贷款损失准备计提对高风险行业信贷配置规模的抑制效应在该模型运用当年及之后第二年均显著存在。本章表明，当银行高风险行业信贷配置规模下降后，银行整体风险水平也会下降，但并未造成银行利润效率受损。

本章可能的贡献包括以下三个方面：一是丰富了预期信用损失模型运用经济后果方面的研究。从现有文献来看，关于预期信用损失模型的理论研究较为丰富（如 Bouvatier and Lepetit，2012；邱月华和曲晓辉，2016；丁友刚和王彬彬，2017），但从实证研究视角进行探讨的文献较为有限。部分文献通过测算具有前瞻性性质的贷款损失准备来间接考察该模型的经济后果（如 Beatty and Liao，2011；Olszak et al.，2017；Cohen and Jr，2017；Wheeler，2019），而直接检验预期信用损失模型实际运用效果的文献较为缺乏。这些有限的研究主要针对贷款损失准备计提特征（Kim et al.，2020；王成龙等，2023）、股票市场反应和崩盘风险（Onali et al.，2021；Jin and Wu，2023）等问题展开讨论，少有实证研究探讨预期信用损失模型运用如何影响银行信贷风险承担。因此，本章有助于丰富该领域文献。二是拓展了行业信贷配置影响因素的研究。在前期关于行业信贷配置影响因素的研究中，鲜有文献从会计准则视角进行探讨，所研究的因素主要包括产业政策（何熙琼等，2016；连立帅等，2015）、抵押品价值（刘京军等，2016）、资本计量方法（刘冲等，2019）等。同时，在该领域研究中，行业信贷配置决策过程中的风险因素也是学者们关注的问题。因此，本章从会计准则这一微观制度层面入手，探讨实施新 CAS22 的背景下预期信用损失模型运用对银行高风险行业信贷配置规模的影响，有助于拓展该领域研究。三是本章具有重要的现实意义。本章对预期信用损失模型运用经济后果的探讨将为预期信用损失模型的进一步推行和改进提供重要的经验证据。同时，本章从行业信贷投放过程中银行的风险承担行为视角考察预期信用损失模型的经济后果，其研究结论也为如何有效运用预期信用损失模型防控银行风险提供了重要启示。

本章其他部分安排如下：第二部分为理论分析与研究假设；第三部分为研究设计；第四部分为实证结果分析；第五部分为进一步研究；第六部分为稳健性检验。

理论分析与研究假设

在已发生损失模型下，只有当存在客观证据表明贷款已发生减值时银行才能计提贷款损失准备，这种"后视型"（Backward-looking）的减值计提模式通常会导致贷款损失准备计提太少、太迟而无法及时反映未来信用风险（Cohen and Jr，2017；Marton and Runesson，2017）。尤其当经济处于下行期时，由于信贷资产质量显著恶化，银行会计提较多贷款损失准备（Laeven and Majnoni，2003；Bikker and Metzemakers，2005；黄有为等，2017；郭沛廷，2017），进而易导致银行信贷的顺周期效应（Bikker and Metzemakers，2005；Bouvatier and Lepetit，2008；Financial Stability Forum，2009a；陈旭东等，2014）。

与之相反，预期信用损失模型是一种"前向型"（Forward-looking）导向的减值计提模式，它强调通过利用前瞻性信息对未来信用风险进行及时评估和预测，进而提前计提足额的贷款损失准备以应对未来风险。因此，在预期信用损失模型下，贷款损失准备计提将具有以下两个显著特征。

第一，贷款损失准备计提将更加充分。根据模型计提要求，无论银行贷款是否出现减值迹象，自取得或生成之日起均应计提减值准备，即如果贷款信用风险自初始确认后未显著增加，那么按照相当于未来12个月内预期信用损失的金额计量减值准备；如果显著增加，那么需调整为按照相当于该贷款整个存续期内预期信用损失的金额计提减值准备。因此，相对于已发生损失模型，预期信用损失模型包括未来可能发生的预期损失（丁友刚和王彬彬，2017），对贷款损失准备计提的范围更广，水平更高，包含更多具有前瞻性的信用风险信息。而已发生损失模型下计提的贷款损失准备仅相当于预期信用损失模型下的一个子集（Gebhardt and Novotny-Farkas，2011）。根据普华永道发布的《2018年中国银行业回顾与展望》报告，在2018年1月1日我国新CAS22开始实施暨新旧准则转换之时，上市商业银行表内信贷业务预期信用损失计提普遍大于已发生损失模型下计提金额，如表4-1所示。由此可见，预期信用损失模型下银行计提的贷款损失准备更加充分，并表现为贷款损失准备大幅增加。

第二，贷款损失准备计提更加及时。预期信用损失模型强调及时预测和评估前瞻性未来信用风险，即通过对宏观经济形势的预测和模型估算等方法，提前计提信贷资产未来至少 12 个月的减值准备，因此，贷款损失准备计提将更加及时（刘星和杜勇，2011；邱月华和曲晓辉，2016）。

表 4-1　上市银行在新旧准则转换之际[①] 贷款损失准备的变化情况

银行类别	贷款损失准备增加额（亿元）	增幅（%）
大型商业银行	1322	8.69
股份制商业银行	441	8.41
城市商业银行、农村商业银行	37	4.21

资料来源：笔者根据普华永道发布的《2018 年中国银行业回顾与展望》内容整理。

当预期信用损失模型下银行贷款损失准备计提的充分性和及时性均显著提高时，将进一步对银行信贷配置行为产生影响。

一方面，在预期信用损失模型下，由于银行贷款损失准备计提更加充分，因此将较大地冲击银行资本水平，进而导致银行信贷风险偏好下降。根据现行《商业银行资本管理办法（试行）》，银行核心一级资本净额 =（股本 + 资本公积可计入部分 + 盈余公积和一般风险准备 + 未分配利润 + 少数股东资本可计入部分）–（商誉和对有控制权但不并表的金融机构的核心一级资本投资等扣减项）。据此，当银行每计提 1 个单位贷款损失准备时，当期净利润将减少"$1-1 \times$ 所得税率"个单位，未分配利润等项目进而相应减少，最终导致银行资本水平下降。因此，在贷款损失准备大幅增加的情况下，银行资本将受到较大冲击（Beatty and Liao，2011），资本充足率水平随之下降。由于银行资本主要用于抵补非预期损失，"在险资本效应"假说认为，资本的减少将降低银行增加风险资产组合的动机，减少其风险承担行为（Furlong and Keeley，1989）。贷款作为一项重要的风险资产，大量研究已表明，当银行资本充足率下降时，银行信贷会相应收缩（Carlson et al.，2013；江曙霞和刘忠璐，2016；Kim and Sohn，2017），高资本消耗型的信用贷款等项目也会减少（彭继增和吴玮，2014）。而对于高风险行业信贷而言，由于其发生坏账的可能性更高，未来对资本的侵蚀可能更严重，因此，资本充足率的下降可能导致银行减少对高风险行业的信贷投入。江曙霞和刘忠璐（2016）表明，银行核心资本充足率水平对不良贷款率较高的制造业贷款具有显著正向影响，当核心资本充足率越高时，将促使银行发放更多的制造业贷款；但当核心资本充足率下降时，银行对制造业的信贷投入会相应减少。因此，总体而言，预

---

① 即 2018 年 1 月 1 日较 2017 年 12 月 31 日，银行贷款损失准备计提金额的比较。

期信用损失模型下贷款损失准备计提导致的资本充足率下降，将可能抑制银行对高风险行业的信贷投入。

另一方面，预期信用损失模型下贷款损失准备计提及时性的提高，也可能导致银行降低高风险行业信贷配置规模。这是因为会计信息是具有决策有用性的，正如2018年IASB发布的《财务报告概念框架》指出，通用目的财务报告的目标是提供关于报告主体的决策有用信息。具体到贷款损失准备，其决策有用性表现为能够向银行报表使用者传递未来信贷风险信号，进而帮助其决策（戴德明和张姗姗，2016）。对于银行管理层而言，更及时的贷款损失准备向其传递了未来可能的违约风险信号，进而促使其未雨绸缪，降低对高风险信贷项目的投入。对于银行市场约束力量而言，贷款损失准备计提越早、越及时，越能向其有效提示未来信用风险信息，进而有助于其加强对银行风险承担行为的监督和约束，降低其信贷风险偏好。何靖（2016）发现，银行信贷风险偏好下降时，会减少对高风险信贷项目的投入；刘轶等（2013）认为，银行风险偏好的改变可能影响行业信贷配置的选择策略；刘冲等（2019）提供的经验证据直接表明，当银行信贷风险偏好下降时，在行业信贷投放上将表现为减少对高风险行业的信贷投放规模。因此，贷款损失准备计提及时性的提高也可能导致银行减少对高风险行业的信贷投入。

综上所述，在预期信用损失模型运用之后，贷款损失准备计提将可能通过"资本收缩"效应和及时性风险信息的传递效应而抑制银行对高风险行业的信贷投放。据此，本章提出如下假设：

H1：预期信用损失模型运用下银行贷款损失准备计提将显著降低高风险行业信贷配置规模。

第三节

研究设计

一、研究期间和数据来源

新CAS22要求，我国商业银行从2018年起开始分批采用预期信用损失模型，这为本书提供了良好的准自然实验环境，可通过双重差分模型对预期信用损失模型实施效果进行检验。考虑到预期信用损失模型实施效果的时效性及为更好地捕捉相关变量之间的因果关系，本章选择该模型实施前三年及实施当年和实施之后第二年为研究年份，因此本章研究期间为2015~2019年。

本书数据来源包括以下四个方面：① GDP 年增长率数据通过查阅国家统计局网站获得；②商业银行财务数据来自 BankFocus 数据库；③行业不良贷款数据来自 Wind 数据库；④银行行业贷款数据来自 CSMAR 数据库。对于上述数据库，以 BankFocus 数据库为基准，按照银行名称和年份作为匹配变量，再对 Wind 数据库和 CSMAR 数据库进行合并。在此还需说明的是，由于新 CAS22 除要求上市银行首先于 2018 年起开始分批采用预期信用损失模型外，还鼓励银行提前实施，因此，现实中可能存在部分银行提前采用预期信用损失模型的情况。为准确度量每家银行采用预期信用损失模型的具体时间，通过手工查阅 BankFocus 数据库所收录的商业银行的年报，本章获取了各银行预期信用损失模型实际运用的年份信息。剔除缺漏值后，最终获得 413 个银行年度观测值。为消除异常值影响，对所有连续变量在 1% 和 99% 分位数上进行 Winsorize 缩尾处理，所用统计软件为 Stata。

二、基本模型设定和主要变量定义

在借鉴 Leroy 和 Lucotte（2019）、Wheeler（2019）、Bhat 等（2019）、肖虹和邹冉（2019）研究的基础上，本章设定如下基本模型用以检验 H1：

$$GFXHYloan_{i,t} = \alpha_0 + \alpha_1 Implement_{i,t} + \alpha_2 LLP_{i,t} + \alpha_3 Implement_{i,t} \times LLP_{i,t} + \alpha_4 BLDKsize_{i,t} + \alpha_5 Ctier1_{i,t} + \alpha_6 Loansize_{i,t} + \alpha_7 Banksize_{i,t} + \alpha_8 ROA_{i,t} + \alpha_9 JXC_{i,t} + \alpha_{10} GDPgrowth_{i,t} + \sum Year + \sum Bank + \varepsilon_{i,t} \quad (4-1)$$

首先，在模型（4-1）中，被解释变量 GFXHYloan 表示银行 i 在第 t 年的高风险行业信贷配置规模，借鉴刘冲等（2019）的做法，用银行 i 在第 t 年的高风险行业贷款余额与贷款总额之比来衡量。在此，本章所指的高风险行业包括制造业、批发和零售业，其原因在于：通过对各个行业不良贷款率[①]的测算，本章发现，制造业、批发和零售业的不良贷款率远高于其他行业，且一直位居高位，如图 4-1 所示[②]。同时，在行业信贷占比上，制造业、批发和零售业也是银行最主要的两个信贷投放行业，如图 4-2 所示[③]。鉴于两者的上述特

---

① 某一行业 j 的不良贷款率计算方法为：用所有上市银行第 t 年对于行业 j 的不良贷款余额除以当年所有上市银行在行业 j 的贷款总额。

② 图 4-1 中各行业不良贷款率值为 2015~2019 年各行业不良贷款率的均值。本章还对每年的各行业不良贷款率进行了比较，仍然发现制造业、批发和零售业的不良贷款率在各个年份均分别位列第一和第二。

③ 图 4-2 中单家银行各行业贷款占贷款总额之比为 2015~2019 年的均值。本章还对每一年中各行业贷款占贷款总额之比进行了比较，仍然发现制造业、批发和零售业是各年中信贷投放规模最大的两个行业。

征及重要性，本章将两者统一作为高风险行业进行研究，以更有效地检验预期信用损失模型可能产生的经济后果。因此，本章的高风险行业信贷配置规模 **GFXHYloan** 具体是指银行 i 在第 t 年的制造业、批发和零售业贷款余额合计与贷款总额之比。在稳健性检验中，本章将高风险行业重新定义为不良贷款率最高的制造业以及不良贷款率位居前三位的制造业、批发和零售业、采矿业，再重新计算不同定义下的高风险行业信贷配置规模，并据此进行回归分析。

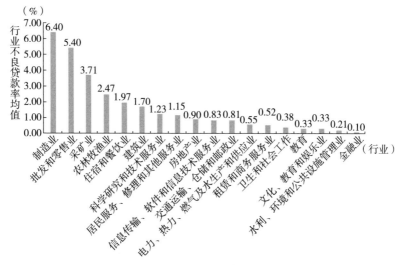

图 4-1　各行业不良贷款率比较

资料来源：根据 Wind 数据库公布的数据统计整理。

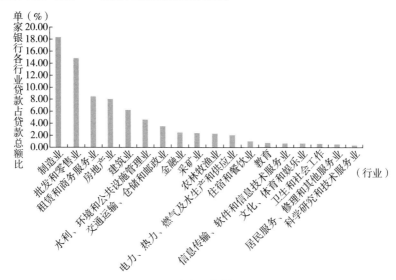

图 4-2　各行业信贷规模比较

资料来源：根据 CSMAR 数据库公布的数据统计整理。

其次，在模型（4-1）中，解释变量为 Implement×LLP。其中，Implement 为预期信用损失模型实施变量。由于各银行实施时间尚不统一，借鉴白俊等（2018）、许和连和王海成（2018）、于李胜等（2019）、Ali 等（2019）的研究，本章按照以下方法给 Implement 赋值，以实现双重差分效果：在银行运用预期信用损失模型当年及之后年份，Implement 赋值为 1，否则为 0；如果银行一直没有运用预期信用损失模型，Implement 各年均赋值为 0。LLP 为贷款损失准备计提变量，参照 Ahmed 等（1999）、Leventis 等（2011）、肖虹和邹冉（2019）的研究，用贷款损失准备计提额与贷款总额之比来衡量。

在此需要说明的是，前文分析已指出，对于商业银行而言，贷款是其主要资产之一，预期信用损失模型效应的发挥主要通过贷款损失准备计提实现，这也是本章分析预期信用损失模型作用效应的切入视角。因此，为更有效地考察该效应及预期信用损失模型的作用机理，并缓解因只设定 Implement 这一哑变量可能导致的遗漏变量问题，本章将 Implement 与 LLP 交乘，并重点关注该交乘项回归系数的显著性和符号。通过该交乘项的设定，既有助于分析预期信用损失模型运用的具体作用机理，又有助于缓解相应内生性问题。

此外，在模型（4-1）中还加入一系列控制变量。在银行层面，借鉴以前研究（Beatty and Liao，2011；张姗姗等，2016；肖虹和邹冉，2019；Wheeler，2019；Bhat et al.，2019），对银行不良贷款规模（BLDKsize）、核心一级资本充足率（Ctier1）、贷款规模（Loanszie）、银行规模（Banksize）、资产回报率（ROA）及净息差（JXC）进行了控制。在宏观层面，参考 Balboa 等（2013）、Hamadi 等（2016）、Curcio 等（2017）、Andries 等（2017）的做法，通过引入国内生产总值年增长率（GDPgrowth）以控制宏观经济运行状况。与此同时，模型（4-1）还对年度固定效应和银行个体效应进行了控制，以测度难以观测的时间效应和银行个体特征。上述所有变量具体定义如表 4-2 所示。

表 4-2　主要研究变量定义

变量名称	变量符号	变量定义
高风险行业信贷配置规模	GFXHYloan	（制造业贷款余额＋批发和零售业贷款余额）/贷款总额
是否实施预期信用损失模型	Implement	研究期间内，银行运用预期信用损失模型当年及以后年份，取值为 1；否则取值为 0
贷款损失准备计提	LLP	计提的贷款损失准备/贷款总额
不良贷款规模	BLDKsize	不良贷款余额/平均风险加权资产
核心一级资本充足率	Ctier1	核心一级资本净额/风险加权资产

续表

变量名称	变量符号	变量定义
贷款规模	Loansize	贷款余额 / 资产总额
银行规模	Banksize	资产总额的自然对数
资产回报率	ROA	净利润 / 年初和年末资产总额的平均值
净息差	JXC	（利息收入 – 利息支出）/ 生息资产
宏观经济变化	GDPgrowth	国内生产总值年增长率
年度	Year	哑变量，代表研究期间各年度其他因素影响
银行个体	Bank	哑变量，代表研究期间各个体其他因素影响

在模型（4–1）中，重点关注 Implement × LLP 的回归系数 α_3。如果 α_3 显著为正，那么说明相对于未运用预期信用损失模型的银行，运用预期信用损失模型的银行在运用之后，贷款损失准备计提将显著提高银行对高风险行业的信贷配置规模；反之，如果 α_3 显著为负，那么说明相对于未运用预期信用损失模型的银行，运用预期信用损失模型的银行在运用之后，贷款损失准备计提将显著抑制银行对高风险行业的信贷配置规模，此时 H1 得证。

第四节

实证结果分析

一、变量描述性统计结果

表 4–3 汇报了主要变量描述性统计结果。其中，高风险行业信贷配置规模（GFXHYloan）均值为 0.321，说明平均而言，银行对高风险行业（制造业、批发和零售业）的信贷投放规模约占该银行贷款总额的 32.1%，占比较大。从重要性原则出发，这将有助于考察预期信用损失模型对高风险行业信贷配置规模以及信贷风险承担行为的影响，也说明本章将制造业、批发和零售业作为高风险行业进行研究的有效性。变量是否实施预期信用损失模型（Implement）均值为 0.150，表明约有 15% 的样本银行实施了预期信用损失模型。贷款损失准备计提变量（LLP）均值为 0.012，说明银行当年计提的贷款损失准备约占贷款总额的 1.2%；而 LLP 最小值为 0.0002、最大值为 0.031，说明银行贷款损失准备计提最小值与最大值之间差距较大。本章所有变量分布特征均与前期研究基本相符。

表 4-3　变量描述性统计结果

变量	均值	标准差	最小值	中位数	最大值	样本量
GFXHYloan	0.321	0.155	0.017	0.292	0.781	413
Implement	0.150	0.358	0	0	1	413
LLP	0.012	0.006	0.0002	0.011	0.031	413
BLDKsize	0.013	0.006	0.001	0.012	0.040	413
Ctier1	0.105	0.017	0.078	0.102	0.177	413
Loansize	0.448	0.087	0.179	0.456	0.631	413
Banksize	19.678	1.630	16.338	19.176	23.770	413
ROA	0.009	0.003	0.001	0.008	0.020	413
JXC	0.023	0.008	0.003	0.023	0.056	413
GDPgrowth	0.067	0.003	0.061	0.068	0.070	413

二、基本回归结果

表 4-4 汇报了模型（4-1）的基本回归结果，以检验 H1 的预测。第（1）列为不加入相关控制变量时的回归结果，第（2）列为加入相关控制变量后的回归结果。我们发现，Implement × LLP 的回归系数在 1% 水平下均显著为负，说明相对于未运用预期信用损失模型的银行，运用预期信用损失模型的银行在运用之后，贷款损失准备计提显著抑制了银行对高风险行业的信贷配置规模，进而支持了 H1 的预测。这意味着银行运用预期信用损失模型之后，通过贷款损失准备计提显著抑制了其信贷风险承担行为，在风险防范方面产生了一定的积极效应。但也说明，银行对制造业、批发和零售业这类高风险行业的信贷配置规模下降后，其支持实体经济的力度也有所减弱。因此，从支持实体经济发展的角度而言，预期信用损失模型的运用可能产生一定负面影响。

表 4-4　预期信用损失模型运用对银行高风险行业信贷配置规模的影响

变量	GFXHYloan	
	(1)	(2)
Implement	0.057**	0.056**
	(2.21)	(2.31)
LLP	1.008	0.240
	(1.46)	(0.30)

续表

变量	GFXHYloan	
	(1)	(2)
Implement × LLP	−5.135***	−4.965***
	(−2.88)	(−3.03)
BLDKsize		0.886
		(1.19)
Ctier1		−0.632**
		(−2.06)
Loansize		−0.220**
		(−2.34)
Banksize		−0.040
		(−1.20)
ROA		2.062
		(0.82)
JXC		−0.517
		(−0.60)
GDPgrowth		6.631**
		(2.49)
C	0.568***	1.009
	(13.66)	(1.27)
年度	控制	控制
银行	控制	控制
N	517	413
Adj-R^2	0.876	0.914

注：*、**、*** 分别表示 10%、5%、1% 的统计显著水平；括号内数据为对应 t 值。

第五节

进一步研究

一、作用路径分析

前文理论分析认为，预期信用损失模型下贷款损失准备计提抑制银行高风险行业信贷配置规模的影响路径可能主要来自两个方面：一是预期信用损失模型下贷款损失准备的大幅计提导致银行资本充足率下降，进而约束了银行对高风险行业的信贷投入；二是预期信用损失模型下贷款损失准备计提及时性将显著提高，进而可能通过有效传递未来信用风险信息而抑制银行对高风险行业的信贷供给。为考察上述路径是否存在，本章创建以下模型进行实证检验。

$$
\begin{aligned}
\text{Ctier1}_{i,t} = {} & \beta_0 + \beta_1 \text{Implement}_{i,t} + \beta_2 \text{LLP}_{i,t} + \beta_3 \text{Implement}_{i,t} \times \text{LLP}_{i,t} + \\
& \beta_4 \text{BLDKsize}_{i,t} + \beta_5 \text{Loansize}_{i,t} + \beta_6 \text{Banksize}_{i,t} + \beta_7 \text{ROA}_{i,t} + \beta_8 \text{JXC}_{i,t} + \\
& \beta_9 \text{LEV}_{i,t} + \beta_{10} \text{CBSRB}_{i,t} + \beta_{11} \text{GDPgrowth}_{i,t} + \sum \text{Year} + \sum \text{Bank} + \varepsilon_{i,t}
\end{aligned} \quad (4\text{--}2)
$$

$$
\begin{aligned}
\text{Timely}_{i,t} = {} & \gamma_0 + \gamma_1 \text{Implement}_{i,t} + \gamma_2 \text{BLDKsize}_{i,t} + \gamma_3 \text{Ctier1}_{i,t} + \\
& \gamma_4 \text{Loansize}_{i,t} + \gamma_5 \text{Banksize}_{i,t} + \gamma_6 \text{ROA}_{i,t} + \gamma_7 \text{JXC}_{i,t} + \\
& \gamma_8 \text{GDPgrowth}_{i,t} + \sum \text{Year} + \sum \text{Bank} + \varepsilon_{i,t}
\end{aligned} \quad (4\text{--}3)
$$

模型（4-2）用于考察预期信用损失模型下贷款损失准备计提是否显著影响银行资本充足率，并导致其下降。其中，被解释变量为核心一级资本充足率（Ctier1）。借鉴 Mili 等（2017）、况伟大和王琪琳（2017）、陈汉文和杨增生（2018）的研究，在模型（4-2）中引入了若干控制变量。其中，LEV 表示资产负债率，用负债总额/资产总额衡量；CBSRB 表示成本收入比，用于控制银行的运营效率。其他变量定义与前文一致。该模型中，我们重点关注 Implement×LLP 的回归系数 β_3 是否显著为负。如果 β_3 显著为负，那么表明预期信用损失模型运用后贷款损失准备计提将显著降低银行资本充足率水平，对此造成冲击。

模型（4-3）用于考察预期信用损失模型下贷款损失准备计提及时性是否显著提高。其中，被解释变量为贷款损失准备计提及时性（Timely），借鉴 Akins 等（2017）的做法，用当期贷款损失准备计提额（LLP）占下一期不良贷款额之比来衡量。该比率越大，表明当期贷款损失准备计提越能预测下期坏账风险，贷款减值准备计提更具前瞻性，及时性越强；该比率越小，表明当期贷款损失准备预测下期坏账风险的能力较弱，及时性较弱。其他变量定义与前文一致。在该模型中，重点关注 Implement 的回归系数 γ_1 是否显著为正。如果 γ_1 显著为正，那么表明银行运用预期信用损失模型之后，其贷款损失准备计提及时性将显著提高，这将有助于未来信用风险信息的有效传递并最终可能影响银行高风险行业信贷配置规模。

表 4-5 汇报了模型（4-2）和模型（4-3）的回归结果。第（1）列对模

型（4-2）的回归结果显示，Implement×LLP 对核心一级资本充足率（Ctier1）的回归系数显著为负，说明银行运用预期信用损失模型之后，贷款损失准备计提显著降低了核心一级资本充足率水平。这表明预期信用损失模型下贷款损失准备计提确实对银行资本充足率造成了显著冲击，其抵御未来信用风险的能力显著下降，可能约束银行的信贷风险承担行为，导致其对高风险行业的信贷配置规模减小。

表 4-5 作用路径检验

变量	Ctier1	Timely
	(1)	(2)
Implement	0.010**	0.197*
	(2.39)	(1.77)
LLP	−0.262	
	(−1.45)	
Implement×LLP	−0.818***	
	(−2.90)	
BLDKsize	0.052	−6.573
	(0.40)	(−1.03)
Ctier1		−2.126
		(−0.84)
Loansize	−0.036**	−0.392
	(−2.13)	(−0.52)
Banksize	0.002	−0.143
	(0.40)	(−0.50)
ROA	0.366	−55.375***
	(0.72)	(−3.12)
JXC	0.087	25.283***
	(0.59)	(3.69)
LEV	−0.550***	
	(−9.04)	
CBSRB	0.012	
	(0.65)	
GDPgrowth	−0.278	−3.146
	(−0.59)	(−0.07)
C	0.598***	4.341
	(4.19)	(0.53)

续表

变量	Ctier1	Timely
	(1)	(2)
年度	控制	控制
银行	控制	控制
N	413	327
Adj–R^2	0.788	0.511

注：*、**、*** 分别表示 10%、5%、1% 的统计显著水平；括号内数据为对应 t 值。

第（2）列对模型（4-3）的回归结果显示，Implement 对贷款损失准备计提及时性（Timely）的回归系数显著为正，说明银行运用预期信用损失模型之后，贷款损失准备计提及时性显著提高，这意味着贷款损失准备的风险信息含量提高，更能有效传递未来信用风险信息。在此种情况下，管理层可能基于这些有效的风险信息及时缩减高风险项目的信贷供给，市场约束力量也可能加强对银行信贷风险承担行为的监督，进而导致银行收缩对高风险行业的信贷投入。

综上所述，上述结果表明，预期信用损失模型的运用对银行高风险行业信贷配置规模的抑制效应可能来自两条路径：一是预期信用损失模型下贷款损失准备计提所导致的资本充足率下降可能约束了银行的风险承担行为，导致其对高风险行业的信贷配置规模减小；二是预期信用损失模型的运用提高了贷款损失准备计提的及时性，可能通过有效的风险信息传递抑制银行对高风险行业的信贷投入。

二、动态趋势分析

前文已实证检验证明，银行运用预期信用损失模型之后，贷款损失准备计提将显著降低高风险行业信贷配置规模，抑制银行信贷风险承担行为，接下来继续关注的问题是，这样的抑制效应究竟发生在预期信用损失模型运用之后的哪个节点，又是否具有持续性，本章将对此进行动态趋势检验。

一方面，由于贷款损失准备计提模型变革事件并非都发生在同一年，即存在多个实验组，因此本章参照许和连和王海成（2018）、吕铁和王海成（2019）的研究，采用事件研究法（Event Study）进行检验。同时，考虑到基本回归的样本区间，对预期信用损失模型运用的前两年、当年以及之后一年进行考察，所用模型如下：

$$\begin{aligned}
\text{GFXHYloan}_{i,t} &= \theta_0 + \theta_1 \text{Implement\_L2}_{i,t} + \theta_2 \text{Implement\_L1}_{i,t} + \\
&\quad \theta_3 \text{Implement\_D}_{i,t} + \theta_4 \text{Implement\_F1}_{i,t} + \theta_5 \text{LLP}_{i,t} + \theta_6 \text{Implement\_L2}_{i,t} \times \\
&\quad \text{LLP}_{i,t} + \theta_7 \text{Implement\_L1}_{i,t} \times \text{LLP}_{i,t} + \theta_8 \text{Implement\_D}_{i,t} \times \text{LLP}_{i,t} + \\
&\quad \theta_9 \text{Implement\_F1}_{i,t} \times \text{LLP}_{i,t} + \theta_{10} \text{BLDKsize}_{i,t} + \theta_{11} \text{Ctier1}_{i,t} + \\
&\quad \theta_{12} \text{Loansize}_{i,t} + \theta_{13} \text{Banksize}_{i,t} + \theta_{14} \text{ROA}_{i,t} + \theta_{15} \text{JXC}_{i,t} + \\
&\quad \theta_{16} \text{GDPgrowth}_{i,t} + \sum \text{Year} + \sum \text{Bank} + \varepsilon_{i,t}
\end{aligned} \tag{4-4}$$

在模型（4-4）中，新增变量包括以下四种情况：①对于运用预期信用损失模型的银行，如果为运用预期信用损失模型前第二年，那么 Implement_L2 取值为 1，否则取值为 0；②如果为运用预期损失模型前第一年，那么 Implement_L1 取值为 1，否则取值为 0；③如果为运用预期损失模型当年，那么 Implement_D 取值为 1，否则取值为 0；④如果为运用预期损失模型后第一年，那么 Implement_F1 取值为 1，否则取值为 0。对于未运用预期信用损失模型的银行，Implement_L2、Implement_L1、Implement_D、Implement_F1 各年均取值为 0。

动态趋势检验回归结果如表 4-6 所示。第（1）列为不加入相关控制变量时的回归结果，第（2）列为加入相关控制变量后的回归结果。结果均一致显示，Implement_D × LLP 和 Implement_F1 × LLP 的回归结果均显著为负，说明预期信用损失模型下贷款损失准备计提对高风险行业信贷投放的抑制效应不仅在模型运用当年显著，而且在模型运用的第二年也同样发挥了作用，因此表明预期信用损失模型运用对银行信贷风险承担行为的抑制效应具有一定持续性。

表 4-6　动态趋势检验回归结果

变量	GFXHYloan	
	(1)	(2)
Implement_L2	0.008	0.008
	(0.34)	(0.31)
Implement_L1	0.020	0.017
	(0.65)	(0.56)
Implement_D	0.049*	0.054*
	(1.70)	(1.92)
Implement_F1	0.087	0.062
	(1.45)	(1.13)

变量	GFXHYloan	
	(1)	(2)
LLP	1.203* (1.70)	0.457 (0.56)
Implement_L2 × LLP	−2.575 (−1.38)	−2.326 (−1.19)
Implement_L1 × LLP	−3.222 (−1.45)	−2.728 (−1.18)
Implement_D × LLP	−5.671*** (−2.85)	−5.905*** (−3.14)
Implement_F1 × LLP	−8.475** (−2.08)	−6.340* (−1.78)
BLDKsize		0.959 (1.27)
Ctier1		−0.619** (−2.00)
Loansize		−0.205** (−2.13)
Banksize		−0.040 (−1.14)
ROA		3.111 (1.19)
JXC		−0.601 (−0.68)
GDPgrowth		5.776* (1.95)
C	0.585*** (13.78)	1.064 (1.27)
年度	控制	控制
银行	控制	控制
N	517	413
Adj-R^2	0.877	0.913

注：*、**、***分别表示10%、5%、1%的统计显著水平；括号内数据为对应 t 值。

另一方面，同样值得关注的是，Implement_L2 × LLP 和 Implement_L1 × LLP 的回归系数均不显著，说明预期信用损失模型正式运用之前，贷款损失准备计提对高风险行业信贷配置规模的影响在运用预期信用损失模型和未运用预期信用损失模型的银行之间不存在显著差异。该结果表明，检验满足平行趋势假设条件，将此次贷款损失准备计提模型变迁作为一次外生冲击事件是有效的，该模型的运用切实能够导致银行通过贷款损失准备计提显著抑制高风险行业的信贷配置规模。

三、高风险行业信贷配置规模变化对银行整体风险和利润效率的影响

对于商业银行而言，风险与效率历来是其经营发展过程中的核心问题，且其最终目标是降低整体风险及提高利润效率。那么，当银行高风险行业信贷配置规模下降之后，是否将有助于降低整体风险承担水平？另外，在风险与收益对等的原则下，银行放弃高风险信贷项目意味着其可能失去获取高收益的机会，进而影响利润效率。那么，高风险行业信贷配置规模的下降又是否将对利润效率产生影响？为研究上述问题，本章将做进一步分析检验。

（一）检验整体风险水平是否受影响的实证模型

为考察银行高风险行业信贷配置规模变化是否将对银行整体风险水平产生影响，本章创建以下基本模型：

$$\text{TotalRisk}_{i,t} = \lambda_0 + \lambda_1 \text{GFXHYloan}_{i,t} + \lambda_2 \text{Ctier1}_{i,t} + \lambda_3 \text{Banksize}_{i,t} + \lambda_4 \text{LXZCL}_{i,t} + \lambda_5 \text{ROE}_{i,t} + \lambda_6 \text{GDPgrowth}_{i,t} + \sum \text{Year} + \sum \text{Bank} + \varepsilon_{i,t} \tag{4-5}$$

在模型（4-5）中，被解释变量 TotalRisk 表示银行整体风险承担水平。借鉴祝继高等（2016）、Shim（2019）、郐栋玺和项后军（2020）的研究，通过计算 Z-Score 指标再取自然对数进行衡量。Z-Score 指标计算公式如模型（4-6）所示。其中，ROA 为第 t 年总资产收益率，CAR 为第 t 年核心一级资本充足率，$\sigma(\text{ROA})$ 为按三年移动平均法计算的第 t-2 年到第 t 年的总资产收益率标准差。所计算的 Z 值越大，表示银行财务状况越稳定，总体经营风险越小。此外，借鉴前期研究，模型（4-5）中还引入了若干控制变量。其中，LXZCL 表示银行利息支出率，用客户存款利息支出 / 平均客户存款来衡量；ROE 表示银行所有者权益收益率。其他变量定义与前文一致。

$$Z = \frac{\text{ROA+CAR}}{\sigma(\text{ROA})} \tag{4-6}$$

我们重点关注回归系数 λ_1 的显著性和符号。如果 λ_1 显著为正，那么表明高风险行业信贷配置规模越小时，银行 Z 值越低，此时整体风险承担水平越高；反之，如果 λ_1 显著为负，那么表明高风险行业信贷配置规模越小时，银行 Z 值越高，此时整体风险承担水平越低；但如果 λ_1 不显著，那么表明高风险行业信贷配置规模变化对整体风险承担水平没有显著影响。

（二）检验银行利润效率是否受影响的实证模型

银行利润效率是指实际利润与最大利润之比，占比越大，银行利润效率越高。目前对银行利润效率的估计方法主要包括非参数方法和参数法，前者的典型代表是数据包络分析法（Data Envelopment Analysis，DEA），后者的典型代表是随机前沿分析法（Stochastic Frontier Analysis，SFA）。随机前沿分析法相较数据包络分析法具有较大优势，主要表现在考虑了统计噪音，因此成为目前主流分析方法。对于我国这样的转型经济国家而言，由于制度和环境的不确定性，通常更易导致统计噪音存在，因此该方法尤其适合中国情境研究（杨文等，2015）。基于此，本章运用随机前沿分析法对银行利润效率进行估计。

具体而言，在参照 Berger 等（2009）、刘孟飞和王军（2015）、张大永和张志伟（2019）以及余晶晶等（2019）研究的基础上，创建以下超越对数函数：

$$\mathrm{Ln}\frac{\mathrm{Profit}}{\mathrm{AW_2}} = \alpha_0 + \sum_{i=1}^{4}\alpha_i\mathrm{Ln}\left(\frac{y_i}{A}\right) + \beta_1\mathrm{Ln}\left(\frac{w_1}{w_2}\right) + \frac{1}{2}\sum_j\sum_k\mathrm{Ln}\left(\frac{y_i}{A}\right)\mathrm{Ln}\left(\frac{y_k}{A}\right) + $$

$$\frac{1}{2}\sum_{i=1}^{4}\theta_i\mathrm{Ln}\left(\frac{y_i}{A}\right)\mathrm{Ln}\left(\frac{w_1}{w_2}\right) + \gamma\left(\mathrm{Ln}\left(\frac{w_1}{w_2}\right)\right)^2 + \mathrm{year}_t + v_{i,t} - \mu_{i,t} \tag{4-7}$$

在模型（4-7）中，Profit 为银行税前利润。y 和 w 分别表示银行产出和投入要素价格，借鉴张大永和张志伟（2019）以及余晶晶等（2019）的方法，对 y 和 w 的赋值方法具体为两方面：①产出 y 包括四类，即贷款总额、存款总额、其他盈利性资产、手续费和佣金等非利息收入；②投入要素价格 w 包括两类，即利息支出与存款总额之比、手续费和佣金等非利息支出与资产总额之比。A 表示资产总额，借鉴 Sun 等（2013）的研究，本章用该指标对税前利润和产出标准化，以消除银行异质性影响。同理，用 w_2 对税前利润和 w_1 标准化，以控制要素价格异质性影响（张大永和张志伟，2019）。最后，在模型中引入年度固定效应以控制难以观测的时间因素影响。

模型（4-7）中，v 代表一般意义上的随机干扰项，假设其服从标准正态分布；μ 代表无效率干扰项，借鉴 Greene（2005）、Fiordelisi 等（2011）研究，假设其服从半正态分布，e^{-u} 表示银行利润效率。

根据模型（4-7）计算出银行利润效率后，本章继续创建以下模型检验银行高风险行业信贷配置规模变化对利润效率的影响。

$$Efficiency_{i,t} = \eta_0 + \eta_1 GFXHYloan_{i,t} + \eta_2 Ctier1_{i,t} + \eta_3 Banksize_{i,t} + $$
$$\eta_4 LXZCL_{i,t} + \eta_5 ROE_{i,t} + \eta_6 GDPgrowth_{i,t} + \sum Year + \sum Bank + \varepsilon_{i,t} \qquad (4\text{-}8)$$

在模型（4-8）中，Efficiency 为模型（4-7）计算的银行利润效率值，其他变量定义与前文一致。我们重点关注回归系数 η_1 的显著性和符号。如果 η_1 显著为正，那么表明银行高风险行业信贷配置规模的下降将显著降低银行利润效率；如果 η_1 显著为负，那么表明高风险行业信贷配置规模的下降将显著提高银行利润效率；如果 η_1 不显著，那么表明高风险行业信贷配置规模的变化对银行利润效率没有显著影响。

（三）对整体风险承担水平和利润效率检验的回归结果

表 4-7 第（1）列和第（2）列分别报告了模型（4-5）和模型（4-8）的回归结果。首先，高风险行业信贷配置规模（GFXHYloan）对银行整体风险承担水平（TotalRisk）的回归系数在 5% 的水平下显著为负，说明高风险行业信贷配置规模越小，银行整体风险水平越低，即高风险行业信贷配置规模的收缩最终降低了银行整体风险。其次，高风险行业信贷配置规模（GFXHYloan）对银行利润效率（Efficiency）的回归系数不显著，说明高风险行业信贷配置规模的变化对银行利润效率没有显著影响，这意味着银行在减少高风险行业信贷供给时比较注意对效率损失的管控，可能通过其他途径弥补了放弃高风险高收益项目导致的收益损失。综合模型（4-1）的回归结果表明，在预期信用损失模型运用下贷款损失准备计提将导致银行对高风险行业的信贷配置规模下降，而这最终降低了银行整体风险水平，同时并未造成银行利润效率显著受损。

表 4-7 高风险行业信贷配置规模变化对银行整体风险和利润效率的影响

变量	TotalRisk	Efficiency
	(1)	(2)
GFXHYloan	−2.326**	0.020
	(−2.16)	(1.50)

续表

变量	TotalRisk	Efficiency
	(1)	(2)
Ctier1	−0.290	0.057
	(−0.05)	(0.75)
Banksize	−1.100*	−0.001
	(−1.88)	(−0.16)
LXZCL	24.289	−1.085***
	(0.93)	(−3.35)
ROE	17.475***	0.011
	(6.42)	(0.32)
GDPgrowth	−206.021***	6.863***
	(−5.30)	(13.71)
C	33.395**	0.348**
	(2.60)	(2.00)
年度	控制	控制
银行	控制	控制
N	354	404
Adj–R^2	0.489	0.997

注：*、**、*** 分别表示 10%、5%、1% 的统计显著水平；括号内数据为对应 t 值。

第六节

稳健性检验

一、内生性检验

运用双重差分模型的重要前提条件之一是要求控制组与实验组的选择具有随机性（余明桂等，2019）。对于本章所研究的预期信用损失模型这项减值计提会计政策而言，新 CAS22 首先要求上市银行于 2018 年起开始分批实施。而上市银行通常整体实力较强，能够更好地抵御贷款损失准备计提模式变革带来的影响与冲击，上市银行因此通常成为优先试行各项会计制度变迁的首选对象。基于此，本书控制组与实验组之间可能存在自选择问题。

为检验该自选择行为可能导致的内生性问题，本章通过 PSM–DID 进行回归分析。具体而言，为每家运用预期信用损失模型的银行在未运用的银行中寻找相应配对银行，使其在运用预期信用损失模型上的概率相近。本章以新 CAS22 执行前（2017 年）的观测值为样本，按照不良贷款规模（BLDKsize）、核心一级资本充足率（Ctier1）、贷款规模（Loansize）、资产回报率（ROA）、净息差（JXC）进行 1∶3 的最近邻匹配，得到与运用预期信用损失模型银行相配对的未运用该模型的银行。

经 PSM 处理之后，本章再以匹配之后的样本重新对模型（4–1）进行回归，其结果如表 4–8 所示。可以看到，通过 PSM 配对后，Implement × LLP 对高风险行业信贷配置规模（GFXHYloan）的回归系数仍然显著为负，说明在控制自选择问题后，预期信用损失模型运用下贷款损失准备计提仍然显著降低了银行信贷风险偏好，导致其对高风险行业的信贷配置规模下降。

表 4–8　内生性检验结果

变量	GFXHYloan	
	(1)	(2)
Implement	0.067*** (2.69)	0.062** (2.36)
LLP	0.338 (0.39)	1.880* (1.85)
Implement × LLP	−6.025*** (−3.60)	−6.094*** (−3.53)
BLDKsize		0.785 (1.00)
Ctier1		−0.574 (−1.58)
Loansize		−0.144 (−1.28)
Banksize		−0.031 (−0.70)
ROA		5.417* (1.79)
JXC		−1.295 (−1.17)
GDPgrowth		7.549** (2.33)

变量	GFXHYloan	
	(1)	(2)
C	0.204***	0.366
	(6.85)	(0.33)
年度	控制	控制
银行	控制	控制
N	299	277
Adj-R^2	0.895	0.900

注：*、**、*** 分别表示 10%、5%、1% 的统计显著水平；括号内数据为对应 t 值。

二、重新度量高风险行业

在基本回归中，本章基于各行业的不良贷款率高低以及行业信贷规模，将不良贷款率最高同时也是行业信贷规模最大的两个行业——制造业、批发和零售业作为本章所探讨的高风险行业。在稳健性检验中，本章重新定义高风险行业的范畴，再对被解释变量进行重新度量。首先，将不良贷款率最高的前三个行业，即制造业、批发和零售业、采矿业作为高风险行业，那么银行 i 在第 t 年的制造业、批发和零售业、采矿业贷款余额合计数与贷款总额之比即为被解释变量的第二种度量方式，以 GFXHYloan2 来表示。其次，将不良贷款率最高且行业信贷规模最大的制造业作为高风险行业，那么银行 i 在第 t 年的制造业贷款余额与贷款总额之比即为被解释变量的第三种度量方式，以 GFXHYloan3 来表示。

重新度量高风险行业信贷配置规模之后，对模型（4-1）的回归结果如表 4-9 所示。可以发现，Implement × LLP 对 GFXHYloan2 和 GFXHYloan3 的回归系数在 1% 水平下均显著为负，与前文回归结果一致。说明预期信用损失模型运用之后，银行损失准备计提确实将导致高风险行业的信贷配置规模下降。

表 4-9　重新度量被解释变量的稳健性检验

变量	GFXHYloan2	GFXHYloan3
	(1)	(2)
Implement	0.050**	0.042***
	(2.00)	(3.00)

续表

变量	GFXHYloan2	GFXHYloan3
	(1)	(2)
LLP	0.098	−0.125
	(0.12)	(−0.27)
Implement × LLP	−4.716***	−3.055***
	(−2.80)	(−3.25)
BLDKsize	1.036	0.358
	(1.36)	(0.84)
Ctier1	−0.626**	0.001
	(−1.98)	(0.01)
Loansize	−0.235**	−0.067
	(−2.42)	(−1.24)
Banksize	−0.049	0.006
	(−1.41)	(0.30)
ROA	2.587	2.208
	(1.00)	(1.52)
JXC	−0.504	−0.956*
	(−0.57)	(−1.93)
GDPgrowth	6.276**	6.294***
	(2.29)	(4.12)
C	1.197	−0.052
	(1.47)	(−0.11)
年度	控制	控制
银行	控制	控制
N	413	413
Adj-R^2	0.914	0.935

注：*、**、*** 分别表示 10%、5%、1% 的统计显著水平；括号内数据为对应 t 值。

三、风险较低行业信贷配置规模变化的对比分析

上文研究表明，无论以制造业还是制造业、批发和零售业，抑或制造业、批发和零售业、采矿业衡量高风险行业，其信贷配置规模均在预期信用损失模型影响下显著下降。而此时，如果其他风险较低行业信贷配置规模并未受预期信用损失模型的显著影响，那么可以进一步证明该模型具有降低银行风险承担行为的效应，换言之，该模型的运用将导致风险较高的行业信贷

配置规模下降。本章根据图 4-1 所列的各行业不良贷款率情况和图 4-2 所列的各行业信贷规模情况，选择"租赁和商务服务业"以及"水利、环境和公共设施管理业"进行具体分析。首先，上述两个行业不良贷款率水平均居于中下位，与制造业、批发和零售业的高不良贷款率特征存在较大差异，有助于通过对比分析来考察风险较低行业是否与高风险行业在信贷配置规模变化上存在显著差异，进而证明本章研究结果。其次，它们的信贷规模占比也较大，租赁和商务服务业的信贷规模位居第三，水利、环境和公共设施管理业的信贷规模位居第六，选取这两个行业进行研究有助于提高实证检验的有效性。

根据上述思路，本章计算银行 i 在第 t 年对"租赁和商务服务业"以及"水利、环境和公共设施管理业"的信贷配置规模，分别用 ZLFWYloan 和 SLHJloan 表示，然后再对模型（4-1）进行回归分析，结果如表 4-10 所示。我们发现，Implement × LLP 的回归系数均不显著，表明预期信用损失模型下贷款损失准备计提未导致银行对风险较低的"租赁和商务服务业"以及"水利、环境和公共设施管理业"信贷配置规模产生显著影响，同时也说明预期信用损失模型下贷款损失准备计提对行业信贷配置的影响效应存在异质性，且主要表现在降低了高风险行业的信贷配置规模上。因此，这从侧面表明本章研究结果的稳健性，进一步证明了预期信用损失模型下贷款损失准备计提将抑制银行风险承担行为，降低其对高风险行业的信贷投放规模。

表 4-10 风险较低行业信贷配置规模变化的检验

变量	ZLFWYloan	SLHJloan
	(1)	(2)
Implement	0.004	−0.012
	(0.35)	(−1.25)
LLP	0.662	−0.074
	(1.60)	(−0.24)
Implement × LLP	−0.191	0.936
	(−0.23)	(1.38)
BLDKsize	0.114	0.402
	(0.30)	(1.50)
Ctier1	−0.080	−0.007
	(−0.50)	(−0.05)
Loansize	−0.014	−0.065*
	(−0.29)	(−1.86)

续表

变量	ZLFWYloan	SLHJloan
	(1)	(2)
Banksize	−0.016	0.000
	(−0.90)	(0.03)
ROA	3.242**	−0.008
	(2.40)	(−0.01)
JXC	−0.889*	0.353
	(−1.85)	(1.03)
GDPgrowth	−4.166***	−2.578**
	(−3.03)	(−2.47)
C	0.590	0.194
	(1.43)	(0.60)
年度	控制	控制
银行	控制	控制
N	374	359
Adj-R^2	0.872	0.857

注：*、**、*** 分别表示 10%、5%、1% 的统计显著水平；括号内数据为对应 t 值。

四、重新度量贷款损失准备

在前文回归分析中，贷款损失准备计提（LLP）为经贷款总额平滑的当年贷款损失准备计提额。参照 Perez 等（2008）、Curcio 等（2017）的做法，稳健性检验中用资产总额对当年贷款损失准备计提额进行平滑，重新度量贷款损失准备，用 LLP2 表示。回归结果如表 4–11 第（1）列所示。可以看到，Implement × LLP2 对 GFXHYloan 的回归系数仍然显著为负，结果与前文保持一致，再次支持了前文回归结论。

表 4–11　重新度量贷款损失准备和添加控制变量的稳健性检验

变量	GFXHYloan	
	(1)	(2)
Implement	0.050**	0.057**
	(2.18)	(2.34)
LLP2	−0.233	
	(−0.13)	

变量	GFXHYloan	
	(1)	(2)
Implement × LLP2	−8.644***	
	(−2.95)	
LLP		0.268
		(0.33)
Implement × LLP		−4.927***
		(−3.00)
BLDKsize	0.853	0.855
	(1.15)	(1.14)
Ctier1	−0.608**	−0.628**
	(−1.98)	(−2.04)
Loansize	−0.230**	−0.016
	(−2.46)	(−0.04)
Banksize	−0.048	−0.036
	(−1.43)	(−1.04)
ROA	1.907	1.998
	(0.75)	(0.78)
JXC	−0.279	−0.574
	(−0.32)	(−0.66)
GDPgrowth	6.005**	3.107
	(2.27)	(1.55)
KHCKsize		−0.089
		(−0.34)
CDB		−0.130
		(−0.57)
Ratechange		−0.034**
		(−2.04)
C	1.194	1.196
	(1.52)	(1.55)
年度	控制	控制
银行	控制	控制
N	413	413
Adj−R^2	0.914	0.913

注：*、**、*** 分别表示 10%、5%、1% 的统计显著水平；括号内数据为对应 t 值。

五、添加控制变量的稳健性检验

除模型（4-1）所用控制变量外，在 Beatty 和 Liao（2011）的研究中，还对客户贷款与客户存款比率进行了控制；在张姗姗等（2016）的研究中还引入了银行存款规模和基准贷款利率变化率，以分别控制银行微观信贷供给和宏观信贷供给。参照以上研究，在模型（4-1）的基础上，添加以上变量进行检验，以避免因遗漏变量而导致结论出现偏误的问题。

具体而言，本章在模型（4-1）中引入存贷比（CDB，即客户贷款/客户存款）、客户存款规模（KHCKsize，即客户存款/资产总额），以及基准贷款利率变化（Ratechange）。其中，参照肖虹和邹冉（2019）的做法，基准贷款利率变化用一年期贷款基准利率计算，如果年内出现贷款基准利率变化，那么以各利率实际执行天数计算的权重进行加权处理。基准利率数据来自中国人民银行网站。加入上述控制变量之后的回归结果如表 4-11 第（2）列所示。结果表明，Implement × LLP 对 GFXHYloan 的回归系数在 1% 水平下显著为负，说明预期信用损失模型下贷款损失准备计提抑制了银行高风险行业信贷配置规模，再次支持了 H1 的预测。

本章小结

按照 IFRS9 和我国新 CAS22 的要求，目前多个国家和地区已有部分商业银行开始正式运用预期信用损失模型计提贷款损失准备，后续还将有更多的银行运用该模型。然而，理论界和实务界对于该模型的运用仍然存在较大争议，其可能产生的经济后果仍然尚不明朗。在此背景下，本书以我国商业银行分批运用预期信用损失模型的准自然实验为契机，通过实证检验考察该模型对银行信贷风险承担行为的影响。本章主要基于行业信贷配置视角并聚焦于高风险行业，对银行信贷风险承担行为的变化进行考察。

以 2015~2019 年我国商业银行数据为样本，通过双重差分模型检验发现，银行运用预期信用损失模型之后，贷款损失准备计提显著抑制了银行对高风险行业的信贷配置规模，且该效应在预期信用损失模型运用当年及之后第二年均存在，因此表明预期信用损失模型的运用能够显著抑制银行信贷风险承担行为，且该效应具有一定持续性。作用路径研究表明，上述抑制效应可能通过两个渠道产生：一是预期信用损失模型下贷款损失准备计提导致的资本充足率下降可能约束了银行风险承担行为，进而导致其收缩了高风险行业信贷供给；二是预期信用损失模型下贷款损失准备计提及时性得到显著提高，进而可能通过有效的风险信息传递降低了银行对高风险行业的信贷投入。最后，本章还发现，当银行对高风险行业的信贷配置规模降低时，将最终降低银行整体风险水平，同时银行利润效率并未显著受损。

本章结论可能提供如下政策启示：首先，预期信用损失模型运用之后，银行通过贷款损失准备计提显著降低了银行对高风险行业的信贷配置规模，因此表明该模型的运用有助于降低银行的信贷风险承担行为。同时，进一步研究表明，高风险行业信贷配置规模的下降最终还有助于降低银行整体风险水平。因此，从银行风险防控的角度而言，预期信用损失模型运用对降低银行信贷风险承担行为和整体风险水平起到了积极作用，有助于提高银行的安全稳健性。其次，预期信用损失模型在风险防范方面作用的发挥还依赖于资本充足率监管和贷款损失准备风险信息的及时有效传递。因此，在预期信用损失模型运用过程中，完善资本充足率监管制度和保证贷款损失准备计提的及时性和风险信息质量至关重要，相关部门应对此问题予以充分关注，切实采取措施，有效地发挥资本监管的功能并加强对会计信息质量的监督与管理。

但值得注意的是，本章中的高风险行业包括制造业、批发和零售业，而这两个行业是最重要的实体经济领域。当银行减少对其的信贷投入时，可能不利于实体经济发展。因此，这意味着银行在运用预期信用损失模型过程中，不能单纯地仅考虑其在风险管控中能够发挥的重要作用，还应当权衡其对支持实体经济信贷可能产生的影响。同时，监管机构也应对此问题予以高度重视，在预期信用损失模型推行过程当中，采取相应措施帮助银行在防范风险和支持实体经济发展的双重目标之间进行有效的权衡与选择。

第五章

银行业风险监管因素的
进一步影响

引言

本书第四章研究已表明，预期信用损失模型运用之后，银行贷款损失准备计提将显著降低银行高风险行业信贷配置规模，即预期信用损失模型的运用抑制了银行的风险承担行为，贷款损失准备计提的这项会计制度变迁在银行风险防控上具有一定的积极效应。但值得注意的是，对于我国商业银行而言，其不仅受到会计监管部门的监督与约束，同时还受到金融监管机构的监管。从本书第三章的制度背景介绍可以看到，现阶段我国商业银行受多项金融监管制度约束，包括资本充足率监管、信用风险监管、流动性风险监管、效益监管等。这些金融监管因素同样对商业银行信贷行为产生影响。因此，从当前我国商业银行所处的现实环境来看，在探讨预期信用损失模型运用对信贷风险承担行为的影响效应时，还需结合银行业各项金融监管因素进行全面分析。只有充分考虑到银行业金融监管因素的影响问题，才能更科学、全面地考察预期信用损失模型在我国银行业中运用的实际效果，也才能在会计监管制度和金融监管制度的协调性上获得重要启示。

鉴于此，第五章和第六章将结合银行金融监管制度，考察相关金融监管因素对预期信用损失模型运用与银行高风险行业信贷配置行为之间相互关系的影响。按照第三章对主要金融监管项目的类型划分（见第三章第二节中"银行业重要金融监管项目和主要监管指标概述"及图3-1），本章将重点探讨银行业风险监管因素的影响效应，具体包括资本充足率监管、信用风险监管和流动性风险监管；而第六章将继续探讨银行业效益监管的影响效应。

具体而言，本章将继第四章研究结论（预期信用损失模型下贷款损失准备计提显著地降低了银行高风险行业信贷配置规模），进一步考察以下三个问题：一是在不同资本充足率水平的银行中，预期信用损失模型下贷款损失准备计提对高风险行业信贷配置规模的抑制效应是否存在差异？二是在信用风险大小不同的银行中，预期信用损失模型下贷款损失准备计提对高风险行业信贷配置规模的抑制效应是否存在差异？三是在流动性风险不同的银行中，预期信用损失模型下贷款损失准备计提对高风险行业信贷配置规模的抑制效应是否存在差异？

本章以第四章研究为基础，在检验方法上，仍以我国商业银行分批运用预期信用损失模型的准自然实验为背景，利用2015~2019年商业银行数据，通过双重差分模型和分组检验方式进行回归分析。通过相关检验，本章发现如下主要结论：当银行资本充足率较低时，预期信用损失模型下贷款损失准备计提对高风险行业信贷配置规模的抑制效应更明显；当银行信用风险较高时，预期信用损失模型下贷款损失准备计提对高风险行业信贷配置规模的抑制效应更明显，且在信用风险较高的银行组中，农村商业银行的抑制效应更强。但在流动性风险不同的商业银行中，上述抑制银行效应均显著存在。上述结果说明，资本充足率监管和信用风险监管在抑制银行高风险行业信贷投放上的作用方向与预期信用损失模型是一致的，均具有减少银行风险承担行为的效应。因此，在银行风险防范方面，资本充足率监管和信用风险监管与预期信用损失模型效用的发挥具有协调性。而银行流动性风险监管对预期信用损失模型效用的发挥没有显著影响。此外，资本充足率监管的异质性检验结果也印证了第四章所分析的资本充足率下降产生的信贷约束路径。

本章可能的贡献包括以下两个方面：一是丰富了预期信用损失模型运用下所产生的经济后果的研究。现有研究主要是从理论上对预期信用损失模型运用的经济后果进行探讨，或通过测算具有前瞻性的贷款损失准备来间接考察预期信用损失模型的经济后果，而直接对该模型实际运用效果进行实证检验的文献非常有限，其中结合金融监管制度进行探讨的文献也较少。本章以我国银行业分批采用该模型的准自然实验为契机，对该模型在我国银行业中的实际运用效果进行实证分析，有利于丰富该领域研究。与此同时，本章还结合了我国金融监管制度探讨该模型的运用效果，进一步深化了相关研究结论。二是由于我国商业银行置身于会计准则和金融监管的双重监管环境中，在探讨预期信用损失模型的经济后果时，非常有必要考虑这一现实背景。本章结合银行业的金融监管制度，考察了银行业相关风险监管制度对预期信用损失模型与高风险行业信贷配置规模相互关系的影响。因此，本章具有较强的现实意义，为更客观、全面地评估预期信用损失模型运用的实际经济后果提供了经验证据，也为会计准则与金融监管的协调发展带来了重要启示。

本章其他部分安排如下：第二部分为理论分析与研究假设；第三部分为研究设计；第四部分为实证结果分析；第五部分为进一步研究；第六部分为稳健性检验。

理论分析与研究假设

本书第四章的实证检验已表明，银行运用预期信用损失模型之后，贷款损失准备计提将对高风险行业的信贷配置规模产生显著抑制效应。在此基础上，本节将进一步分析银行资本充足率监管、信用风险监管和流动性风险监管对该抑制效应的影响。

一、资本充足率监管的影响

银行资本充足率监管可能影响预期信用损失模型运用与高风险行业信贷配置规模之间的相互关系，本章将从资本充足率监管的预警功能和压力效应两个视角进行分析。

首先，资本充足率监管具有预警功能。贷款减值会计与银行资本充足率监管是分属于会计监管部门和金融监管部门的两项制度安排，两者功能定位有所不同。具体而言，银行通过计提贷款损失准备主要是为抵御预期信用损失，而资本金则主要用于抵御未预期损失（李宇嘉和陆军，2008）。资本充足率越低，意味着银行抵御未预期损失的能力越弱。因此，在资本充足率监管制度下，较低的资本充足率水平可向银行提示抵御未预期损失的能力减弱的风险，发挥着预警功能。此时，银行的风险承担行为将更加谨慎。而对于银行的高风险信贷项目而言，其发生未预期损失的概率较高，且一旦其资产质量恶化，将给银行带来严重的未预期损失，此时，银行资本将受到极大冲击，资本充足率水平随之下降（肖虹和邹冉，2019）。因此，资本充足率水平较低的银行更可能放弃高风险信贷项目，以避免未来出现大量坏账而导致其资本无法承受巨大损失。相应地，这类银行也将倾向于收缩不良贷款率较高行业的信贷供给，此时，预期信用损失模型运用对高风险行业信贷配置规模的抑制效应将更明显。

其次，资本充足率监管还能产生压力效应，进而影响银行对高风险行业的信贷投入。根据我国《商业银行资本管理办法（试行）》，如果银行无法达到最低资本监管要求，将视为严重违规和重大风险事件，金融监管机构将对其采取严厉监管措施。实践证明，当银行资本充足率未达到监管标准时，确实将面临严重后果，甚至可能存在被接管的风险（Rime，2001）。因此，对于资本充足率较低的商业银行，其在信贷项目选择上将更加谨慎和保守，更可能放弃高风险的资本消耗型信贷项目（彭继增和吴玮，2014），以避免未来因高风险信贷项目无法收回而导致资本充足率进一步下降的风险。

综上所述，在资本充足率监管约束下，银行资本充足率水平越低，其信贷风险偏好越低，在行业信贷配置选择中，银行更可能放弃高风险行业的信贷项目。此时，与预期信用损失模型的作用方向一致，较低的资本充足率水平将对银行高风险行业信贷投放产生抑制效应，减少银行的信贷风险承担行为。因此，本章预测，在资本充足率较低的银行中，预期信用损失模型下贷款损失准备计提对银行高风险行业信贷投放的抑制效应可能更明显。据此，本章提出以下假设：

H2：相对于资本充足率较高的银行，在资本充足率较低的银行中，预期信用损失模型下贷款损失准备计提对高风险行业信贷配置规模的抑制效应更明显。

二、信用风险监管的影响

银行信用风险是指银行因到期债权无法收回而蒙受损失的风险，是银行面临的主要风险类型。因此，在银行监管体系中，信用风险监管具有举足轻重的地位，我国监管部门通过不良贷款率、拨备覆盖率等指标对银行信用风险进行严格监管。

与资本充足率监管的作用原理类似，信用风险监管对预期信用损失模型与银行高风险行业信贷配置之间关系的影响同样可从预警功能和压力效应两个视角展开分析。一方面，信用风险监管中的指标本身具有预警功能，即当银行信用风险较高时，意味着其未来出现坏账并遭受损失的概率较高，对银行安全稳健运营将带来重大不利影响。此时，银行将更有意愿主动缩减对高风险行业的信贷投入。另一方面，监管部门对多项信用风险监管指标设定了最低监管要求，将给银行带来信用风险监管压力。例如，原银保监会要求银行拨备覆盖率不得低于120%~150%，银行一旦逾越监管红线，监管部门将对银行采取严厉监管措施。因此，信用风险较高的银行将更有动力采取措施降低其信用风险，以避免因信用风险过高而遭受监管处罚。而银行降低信用风险的关键是减少信贷风险承担行为，因此，信用风险较高的银行将更有动力减少对高风险行业的信贷投入。

综上所述，当银行信用风险较高时，银行更倾向于收缩对高风险行业的信贷投入，此时，预期信用损失模型下贷款损失准备计提对银行高风险行业信贷配置规模的抑制效应将更强。据此，本章提出以下假设：

H3：相对于信用风险较低的银行，在信用风险较高的银行中，预期信用损失模型下贷款损失准备计提对银行高风险行业信贷配置规模的抑制效应更明显。

三、流动性风险监管的影响

作为商业银行最基本的风险类型，流动性风险是指银行因不能及时获取资金而难以偿还到期债务或无法获取资金满足正常经营业务需求的风险，其产生的主要原因在于银行资产与负债在数量上和期限上的不匹配（廖岷和杨元元，2008）。金融监管部门主要通过流动性比例、流动性覆盖率等指标对银行流动性风险进行监管和约束。这些指标同样具有预警作用，能够向银行及时反映其当前的支付能力。当指标所反映的流动性风险较大时，意味着银行面临较大的支付风险，此时，银行通常将进行信贷收缩（Ivashina and Scharfstein，2010；Puri et al.，2011；马勇和李振，2019）。而对于高风险信贷项目，由于其无法收回的可能性更大，对支付能力的威胁将更大，因此，银行更可能缩减对高风险项目的信贷投入（宋玉颖和刘志洋，2013）。

我国监管部门一直对银行流动性风险进行严格监控，对流动性风险较大的银行将采取监督整改措施。例如，我国《商业银行流动性风险管理办法》对银行各项流动性风险监管指标提出了最低监管要求，并明确规定对于存在流动性风险管理缺陷的银行，会根据其严重程度采取整改、压力测试、加大现场检查力度等惩罚措施。因此，当银行流动性风险较大时，其流动性风险监管压力也越大，将更有动机降低高风险项目的信贷投入。

综上所述，由于流动性风险监管对银行高风险项目的信贷投入具有抑制效应，流动性风险较高的银行将更倾向于收缩高风险项目的信贷供给。因此，本章预测，当银行流动性风险较大时，预期信用损失模型下贷款损失准备计提对高风险行业信贷配置规模的抑制效应可能更明显，并据此提出如下假设：

H4：相对于流动性风险较低的银行，在流动性风险较高的银行中，预期信用损失模型下贷款损失准备计提对高风险行业信贷配置规模的抑制效应更明显。

研究设计

一、研究期间和数据来源

新 CAS22 要求我国商业银行从 2018 年起开始分批采用预期信用损失模型，这为本章提供了良好的准自然实验环境，可通过双重差分模型对预期信用损失模型实施效果进行检验，并可在此基础上进一步探讨相关金融风险监管因素的影响效应。考虑到预期信用损失模型实施效果的时效性及为更好地捕捉相关变量之间的因果关系，本章选择该模型运用前三年及运用当年和运用之后第二年为研究年份，因此研究期间为 2015~2019 年。

本章数据来源包括以下四个方面：① GDP 年增长率数据通过查阅国家统计局网站获得；②商业银行财务数据来自 BankFocus 数据库；③行业不良贷款数据来自 Wind 数据库；④银行行业贷款数据来自 CSMAR 数据库。对于上述数据库，以 BankFocus 数据库为基准，按照银行名称和年份作为匹配变量，再对 Wind 数据库和 CSMAR 数据库进行合并。在此还需说明的是，由于新 CAS22 除要求上市银行首先于 2018 年起开始分批采用预期信用损失模型外，还鼓励银行提前实施，因此，现实中可能存在部分银行提前采用预期信用损失模型的情况。为准确度量每家银行采用预期信用损失模型的具体时间，通过手工查阅 BankFocus 数据库所收录商业银行的年报，本章获取了各银行预期信用损失模型实际运用的年份信息。剔除缺漏值后，最终获得 413 个银行年度观测值。为消除异常值影响，对所有连续变量在 1% 和 99% 分位数上进行 Winsorize 缩尾处理，所用统计软件为 Stata。

二、基本模型设定和主要变量定义

首先，本章设定以下基本模型，再通过分组回归方式对假设 H2、H3 和 H4 进行检验。

$$
\begin{aligned}
\text{GFXHYloan}_{i,t} = {} & \alpha_0 + \alpha_1 \text{Implement}_{i,t} + \alpha_2 \text{LLP}_{i,t} + \alpha_3 \text{Implement}_{i,t} \times \\
& \text{LLP}_{i,t} + \alpha_4 \text{BLDKsize}_{i,t} + \alpha_5 \text{Ctier1}_{i,t} + \alpha_6 \text{Loansize}_{i,t} + \alpha_7 \text{Banksize}_{i,t} + \\
& \alpha_8 \text{ROA}_{i,t} + \alpha_9 \text{JXC}_{i,t} + \alpha_{10} \text{GDPgrowth}_{i,t} + \sum \text{Year} + \sum \text{Bank} + \varepsilon_{i,t}
\end{aligned} \quad (5\text{-}1)
$$

在模型（5-1）中，被解释变量 GFXHYloan 表示银行 i 在第 t 年的高风险行业信贷配置规模，借鉴刘冲等（2019）的做法，用银行 i 在第 t 年的高风险行业贷款余额与贷款总额之比来衡量。在此，本章所指的高风险行业包括制造业、批发和零售业（具体说明详见第四章第三节中"基本模型设定和主要变量定义"部分），因此，高风险行业贷款规模（GFXHYloan）具体是指银行 i 在第 t 年的制造业、批发和零售业贷款余额合计与贷款总额之比。

解释变量为 Implement × LLP。其中，Implement 为预期信用损失模型实施变量。由于各银行实施时间尚不统一，借鉴白俊等（2018）、许和连和王海成（2018）、于李胜等（2019）、Ali 等（2019）的研究，本章按照以下方法给 Implement 赋值，以实现双重差分效果：在银行运用预期信用损失模型当年及之后年份，Implement 赋值为 1，否则为 0；如果银行一直没有运用预期信用损失模型，Implement 各年均赋值为 0。LLP 为贷款损失准备计提变量，参照 Ahmed 等（1999）、Leventis 等（2011）、肖虹和邹冉（2019）的研究，用贷款损失准备计提额与贷款总额之比来衡量。对于商业银行而言，由于贷款是其主要资产之一，因此，预期信用损失模型效应的发挥主要通过贷款损失准备计提实现，这也是本章分析预期信用损失模型作用效应的切入视角。在此，为更有效地考察该效应及预期信用损失模型的作用机理，并缓解因只设定 Implement 这一哑变量可能导致的遗漏变量问题，本章将 Implement 与 LLP 交乘，并重点关注该交乘项回归系数的显著性和符号。通过该交乘项的设定，既有助于分析预期信用损失模型运用的具体作用机理，又有助于缓解相应内生性问题。

其次，在模型（5-1）中还加入了一系列控制变量，包括银行不良贷款规模（BLDKsize）、核心一级资本充足率（Ctier1）、贷款规模（Loanszie）、银行规模（Banksize）、资产回报率（ROA）、净息差（JXC）、GDP 年增长率（GDPgrowth）。同时，模型（5-1）还对年度固定效应和银行个体效应进行了控制，以测度难以观测的时间效应和银行个体特征。

在模型（5-1）的基础上，本章按照如下方法继续创建分组变量以检验 H2、H3、H4。

首先，以国家金融监督管理总局每年披露的《商业银行主要监管指标情况表》中所用指标为基准（见表3-2），并考虑数据的可获得性和风险指标的代表性，选取核心一级资本充足率、客户不良贷款率和流动性比例分别衡量银行资本充足率水平、信用风险水平以及流动性风险水平。在稳健性检验中，再以总资本充足率、拨备覆盖率和流动性覆盖率分别衡量银行资本充足率水平、信用风险水平和流动性风险水平。

其次，对所选取的各指标进行分组，以考察不同资本充足率水平、信用风险水平和流动性风险水平的银行，其预期信用损失模型运用的效用是否存在差异，进而检验相应金融监管因素的影响效应。具体有以下三种分组方式：一是以核心一级资本充足率各年均值为基准进行分组，其中，当年核心一级资本充足率小于当年均值的银行，为资本充足率水平低组；当年核心一级资本充足率大于或等于当年均值的银行，为资本充足率水平高组。二是以客户不良贷款率各年均值为基准进行分组：当银行客户不良贷款率小于当年均值时，为信用风险较低的银行；当客户不良贷款率大于当年均值时，为信用风险较高的银行。三是以各银行流动性比例均值分组：当银行流动性比例小于均值时，为流动性风险较高的银行；当银行流动性比例大于或等于均值时，为流动性风险较低的银行。

上述所有变量具体定义如表 5-1 所示。

表 5-1 主要研究变量定义

变量名称	变量符号	变量定义
高风险行业信贷配置规模	GFXHYloan	（制造业贷款余额 + 批发和零售业贷款余额）/ 贷款总额
是否实施预期信用损失模型	Implement	研究期间内，银行运用预期信用损失模型当年及以后年份，取值为 1；否则取值为 0
贷款损失准备计提	LLP	计提的贷款损失准备 / 贷款总额
不良贷款规模	BLDKsize	不良贷款余额 / 平均风险加权资产
核心一级资本充足率	Ctier1	核心一级资本净额 / 风险加权资产
贷款规模	Loansize	贷款余额 / 资产总额
银行规模	Banksize	资产总额的自然对数
资产回报率	ROA	净利润 / 年初和年末资产总额的平均值
净息差	JXC	（利息收入 – 利息支出）/ 生息资产
宏观经济变化	GDPgrowth	国内生产总值年增长率
客户不良贷款率	KHBLDKL	不良贷款额 / 客户贷款总额
流动性比例	LDXBL	流动性资产余额 / 流动性负债余额
年度	Year	哑变量，代表研究期间各年度其他因素影响
银行个体	Bank	哑变量，代表研究期间各个体其他因素影响

第四节

实证结果分析

一、变量描述性统计结果

表 5-2 汇报了全样本的主要变量描述性统计结果。首先，对于模型（5-1）中的相关变量，高风险行业信贷配置规模（GFXHYloan）均值为 0.321，说明平均而言，银行对高风险行业的信贷投放规模约占该银行贷款总额的32.1%，占比较大。变量是否实施预期信用损失模型（Implement）均值为0.150，说明平均而言，约有 15% 的样本银行实施了预期信用损失模型。贷款损失准备计提变量（LLP）均值为 0.012，说明平均而言，银行当年计提的贷款损失准备约占贷款总额的 1.2%；而 LLP 最小值为 0.0002、最大值为0.031，说明银行贷款损失准备计提最小值与最大值之间差距较大。

表 5-2　变量描述性统计结果

变量	均值	标准差	最小值	中位数	最大值	样本量
GFXHYloan	0.321	0.155	0.017	0.292	0.781	413
Implement	0.150	0.358	0	0	1	413
LLP	0.012	0.006	0.0002	0.011	0.031	413
BLDKsize	0.013	0.006	0.001	0.012	0.040	413
Ctier1	0.105	0.017	0.078	0.102	0.177	413
Loansize	0.448	0.087	0.179	0.456	0.631	413
Banksize	19.678	1.630	16.338	19.176	23.770	413
ROA	0.009	0.003	0.001	0.008	0.020	413
JXC	0.023	0.008	0.003	0.023	0.056	413
GDPgrowth	0.067	0.003	0.061	0.068	0.070	413
KHBLDKL	0.017	0.008	0.002	0.015	0.056	413
LDXBL	0.574	0.160	0.296	0.549	1.066	294

其次，对于分组变量，其中，核心一级资本充足率（Ctier1）均值为 0.105，说明平均而言，银行能满足核心一级资本充足率监管要求。但最小值为 0.078，表明有的银行核心一级资本充足率水平偏低，监管压力较大。客户不良贷款率（KHBLDKL）均值为 0.017，说明银行总体上不良贷款属于可控范围内。但（KHBLDKL）最大值为 0.056，说明有的银行客户不良贷款率较高，信用风险较大。流动性比例（LDXBL）均值为 0.574，平均而言高于 25% 的监管标准，但最小值仅为 0.296，接近监管最低要求，说明其流动性风险较高，监管压力较大。总体而言，上述分组变量在不同银行之间存在一定差异，为本章进行分组检验提供了良好前提条件。表 5-2 中所有变量分布特征均与前期研究相符。

二、基本回归结果

（一）资本充足率监管的影响效应

表 5-3 汇报了按核心一级资本充足率均值分组后，对模型（5-1）的回归结果。可以看到，在全样本中，Implement × LLP 的回归系数在 1% 水平下显著为负；在分组样本中，核心一级资本充足率较低的银行中，该回归系数也显著为负，但在核心一级资本充足率较高的银行中，该回归系数并不显著。结果表明，资本充足率监管对预期信用损失模型运用与银行高风险行业信贷配置规模之间的相互关系产生了调节作用，且在资本充足率较低的银行中，预期信用损失模型下贷款损失准计提对银行高风险行业信贷配置规模的抑制效应更强，支持了 H2 的预测。该结果说明了资本充足率监管进一步加强了预期信用损失模型对银行信贷风险承担行为的抑制效应，即银行资本充足率水平越低时，该抑制效应越能有效发挥。因此，资本充足率监管与预期信用损失模型在银行信贷风险防范上具有协调性。

表 5-3　资本充足率监管的影响效应

变量	全样本	核心一级资本充足率	
		较低	较高
	(1)	(2)	(3)
Implement	0.056**	0.077*	0.046
	(2.31)	(1.71)	(1.21)
LLP	0.240	1.820	−0.839
	(0.30)	(1.55)	(−0.53)

续表

变量	全样本	核心一级资本充足率	
		较低	较高
	(1)	(2)	(3)
Implement × LLP	−4.965***	−6.423**	−4.087
	(−3.03)	(−2.20)	(−1.54)
BLDKsize	0.886	0.362	0.151
	(1.19)	(0.28)	(0.10)
Ctier1	−0.632**	−0.093	−0.238
	(−2.06)	(−0.12)	(−0.39)
Loansize	−0.220**	−0.225	−0.377*
	(−2.34)	(−1.63)	(−1.96)
Banksize	−0.040	−0.069	−0.071
	(−1.20)	(−1.25)	(−1.04)
ROA	2.062	1.311	1.979
	(0.82)	(0.37)	(0.37)
JXC	−0.517	−0.330	0.546
	(−0.60)	(−0.29)	(0.24)
GDPgrowth	6.631**	4.114	5.031
	(2.49)	(0.98)	(1.07)
C	1.009	1.337	1.702
	(1.27)	(0.97)	(1.10)
年度	控制	控制	控制
银行	控制	控制	控制
N	413	232	181
Adj-R^2	0.914	0.923	0.885

注：*、**、*** 分别表示 10%、5%、1% 的统计显著水平；括号内数据为对应 t 值。

  此外，本书第四章的实证分析认为，预期信用损失模型下贷款损失准备计提对银行高风险行业信贷配置规模产生了抑制效应，其作用路径之一是因为预期信用损失模型下贷款损失准备大幅计提导致资本充足率下降，进而约束了银行的信贷风险承担行为，最终导致银行对高风险行业的信贷投入减少。第四章已经证明预期信用损失模型下贷款损失准备计提确实显著降低了银行资本充足率水平。而表 5-3 的回归结果则进一步证明，在资本充足率较低的银行中，上述抑制效应更加显著。因此表明，较低的资本充足率水平确实能够约束银行的信贷风险承担行为。在此基础上，我们可以进一步确认，第四章中所探讨的资本充足率水平下降所产生的信贷约束路径确实存在。

（二）信用风险监管的影响效应检验

表 5-4 汇报了按客户不良贷款率均值分组后，对模型（5-1）的回归结果。在全样本中，Implement × LLP 的回归系数在 1% 水平下显著为负，且该系数在客户不良贷款率较高的银行中也显著为负，但在客户不良贷款率较低的银行中不显著。由此表明，在信用风险较高的商业银行中（客户不良贷款率较高），预期信用损失模型下贷款损失准备计提对高风险行业信贷配置规模的抑制效应更强，支持了 H3 的预测。该结果说明了银行信用风险监管有助于促进银行减少信贷风险承担行为，与预期信用损失模型的作用方向一致，因此，两者在银行风险防范方面具有协调性。

表 5-4　信用风险监管的影响效应

变量	全样本	客户不良贷款率	
		较低	较高
	(1)	(2)	(3)
Implement	0.056**	0.034	0.123*
	(2.31)	(1.06)	(1.89)
LLP	0.240	1.534	−0.476
	(0.30)	(1.40)	(−0.32)
Implement × LLP	−4.965***	−1.573	−9.551**
	(−3.03)	(−0.68)	(−2.48)
BLDKsize	0.886	−2.013	−0.018
	(1.19)	(−0.79)	(−0.01)
Ctier1	−0.632**	−0.747*	−0.653
	(−2.06)	(−1.85)	(−1.04)
Loansize	−0.220**	−0.234	−0.253
	(−2.34)	(−1.64)	(−1.10)
Banksize	−0.040	0.007	−0.133
	(−1.20)	(0.16)	(−1.58)
ROA	2.062	13.336***	0.916
	(0.82)	(3.75)	(0.16)

续表

变量	全样本	客户不良贷款率	
		较低	较高
	(1)	(2)	(3)
JXC	−0.517	−1.019	−4.161*
	(−0.60)	(−0.89)	(−1.99)
GDPgrowth	6.631**	9.909***	5.382
	(2.49)	(2.75)	(0.87)
C	1.009	−0.147	2.706
	(1.27)	(−0.14)	(1.29)
年度	控制	控制	控制
银行	控制	控制	控制
N	413	255	158
Adj-R^2	0.914	0.932	0.908

注：*、**、*** 分别表示 10%、5%、1% 的统计显著水平；括号内数据为对应 t 值。

（三）流动性风险监管的影响效应检验

表 5-5 汇报了按流动性比例均值分组后，对模型（5-1）的回归结果。我们发现，Implement×LLP 的回归系数不仅在全样本中显著为负，同时，在流动性比例较低以及流动性比例较高的银行中均显著为负。该结果一方面表明预期信用损失模型运用确实对高风险行业信贷配置规模产生了显著的抑制效应，但另一方面也表明，无论是在流动性风险较高还是较低的银行中，该抑制效应均显著存在。这与本章 H4 预测不一致，即并未出现该抑制效应在流动性风险较高的银行中更明显的情况。这说明流动性风险监管对预期信用损失模型与银行高风险行业信贷配置规模之间的关系并未产生显著影响。其可能的原因在于：流动性风险相对于资本充足率和信用风险而言，其与银行坏账损失之间的关系不及后两者密切。因为流动性风险表示的是一种支付风险，而支付风险不仅与坏账损失相关，同时还在较大程度上与银行的融资能力等因素关系密切。因此，这最终导致流动性风险监管在此并未表现出显著的调节效应。

表 5-5　流动性风险监管的影响效应

变量	全样本	流动性比例	
		较低	较高
	(1)	(2)	(3)
Implement	0.056**	0.037	0.103**
	(2.31)	(0.98)	(2.20)
LLP	0.240	−0.709	1.839
	(0.30)	(−0.60)	(1.22)
Implement × LLP	−4.965***	−5.794**	−6.682**
	(−3.03)	(−2.10)	(−2.13)
BLDKsize	0.886	0.448	1.435
	(1.19)	(0.51)	(0.73)
Ctier1	−0.632**	−0.494	−0.751
	(−2.06)	(−1.22)	(−1.12)
Loansize	−0.220**	−0.090	−0.134
	(−2.34)	(−0.73)	(−0.80)
Banksize	−0.040	−0.092*	−0.002
	(−1.20)	(−1.84)	(−0.03)
ROA	2.062	3.858	−1.860
	(0.82)	(1.05)	(−0.40)
JXC	−0.517	−1.160	0.288
	(−0.60)	(−1.03)	(0.19)
GDPgrowth	6.631**	2.515	12.267**
	(2.49)	(0.70)	(2.23)
C	1.009	2.046*	−0.119
	(1.27)	(1.76)	(−0.07)
年度	控制	控制	控制
银行	控制	控制	控制
N	413	200	161
Adj–R^2	0.914	0.931	0.888

注：*、**、*** 分别表示 10%、5%、1% 的统计显著水平；括号内数据为对应 t 值。

第五节

进一步研究

前文对 H2、H3 和 H4 的检验表明，在资本充足率监管、银行信用风险监管和流动性风险监管三项金融监管项目中，只有资本充足率监管和银行信用风险监管对预期信用损失模型与银行高风险行业信贷配置规模之间的关系产生了调节效应，且具体表现为：在资本充足率较低和信用风险较高的银行中，预期信用损失模型下贷款损失准备计提对银行高风险行业信贷配置规模的抑制效应更强。在该结论基础上，本章继续关注的问题是，在信用风险较高的银行中，预期信用损失模型对高风险行业信贷配置规模的抑制效应又是否因银行类型不同而存在差异。

在我国特殊制度背景下，商业银行包括国有大型银行、全国性股份制银行、城市商业银行和农村商业银行等不同类型，其在银行规模、业务资源、盈利能力、公司治理等方面均存在较大差异（刘莉亚等，2014）。其中，农村商业银行以服务小微企业、农户和县域经济为主（刘莉亚等，2014），业务单一化程度较高，盈利能力和治理水平也比较薄弱（顾海峰和于家珺，2019）。不良贷款率偏高，信用风险较大，一直是农村商业银行比较突出的问题。在信用风险监管下，农村商业银行为避免坏账风险进一步扩大，在进行信贷决策时可能更加谨慎。因此，当农村商业银行运用预期信用损失模型时，该模型对高风险行业信贷配置规模的抑制效应可能更强。下文将继续对此问题进行检验（检验"弱组中的弱者"）。

为检验信用风险较高的组中，预期信用损失模型的运用对高风险行业信贷配置规模的抑制效应是否在农村商业银行中更明显，本章通过以下方式进行回归分析：在客户不良贷款率较高组中，识别出农村商业银行，并通过设定虚拟变量和交乘项的方式进行回归分析，具体所用模型如下：

$$
\begin{aligned}
\text{GFXHYloan}_{i,t} = {} & \beta_0 + \beta_1 \text{Implement}_{i,t} + \beta_2 \text{LLP}_{i,t} + \beta_3 \text{NSH}_{i,t} + \\
& \beta_4 \text{Implement}_{i,t} \times \text{LLP}_{i,t} + \beta_5 \text{Implement}_{i,t} \times \text{LLP}_{i,t} \times \text{NSH}_{i,t} + \\
& \beta_6 \text{BLDKsize}_{i,t} + \beta_7 \text{Ctier1}_{i,t} + \beta_8 \text{Loansize}_{i,t} + \beta_9 \text{Banksize}_{i,t} + \\
& \beta_{10} \text{ROA}_{i,t} + \beta_{11} \text{JXC}_{i,t} + \beta_{12} \text{GDPgrowth}_{i,t} + \sum \text{Year} + \sum \text{Bank} + \varepsilon_{i,t}
\end{aligned}
\tag{5-2}
$$

在模型（5-2）中，NSH 表示银行是否属于农村商业银行的哑变量：如果该银行属于农村商业银行，那么 NSH 赋值为 1，否则赋值为 0。其他变量定义与前文保持一致。然后在客户不良贷款率较高的银行样本中，再对模型（5-2）进行回归检验。

回归结果如表 5-6 所示。该表第（1）列为全样本回归结果，第（2）列和第（3）列为对 H3 的回归检验结果，第（4）列为对模型（5-2）的回归结果。其中，第（4）列结果显示，在客户不良贷款率较高的组中，Implement ×LLP×NSH 的回归系数显著为负。结合第（2）列和第（3）列对 H3 的回归结果我们可以发现，在信用风险较高的商业银行中，预期信用损失模型对高风险行业信贷配置规模的抑制效应更明显；而进一步在信用风险较高的银行组中检验表明，在农村商业银行中上述抑制效应更强。这说明我国农村商业银行相较其他类型银行，其不良贷款更为严重，信用风险更高，因此，为避免信用风险进一步加剧，农村商业银行对高风险信贷项目的选择更趋向于谨慎和保守，并最终导致高风险行业信贷配置规模显著减小。

表 5-6　信用风险高的组中不同类型银行的效应分析

变量	全样本	客户不良贷款率		客户不良贷款率较高
		较低	较高	
	(1)	(2)	(3)	(4)
Implement	0.056**	0.034	0.123*	0.101
	(2.31)	(1.06)	(1.89)	(1.53)
LLP	0.240	1.534	−0.476	−0.421
	(0.30)	(1.40)	(−0.32)	(−0.29)
NSH				0.105
				(0.80)
Implement × LLP	−4.965***	−1.573	−9.551**	−7.552*
	(−3.03)	(−0.68)	(−2.48)	(−1.90)
Implement × LLP × NSH				−6.251*
				(−1.71)
BLDKsize	0.886	−2.013	−0.018	−0.042
	(1.19)	(−0.79)	(−0.01)	(−0.03)
Ctier1	−0.632**	−0.747*	−0.653	−0.804
	(−2.06)	(−1.85)	(−1.04)	(−1.29)
Loansize	−0.220**	−0.234	−0.253	−0.209
	(−2.34)	(−1.64)	(−1.10)	(−0.92)

续表

变量	全样本	客户不良贷款率		客户不良贷款率较高
		较低	较高	
	(1)	(2)	(3)	(4)
Bbanksize	−0.040	0.007	−0.133	−0.113
	(−1.20)	(0.16)	(−1.58)	(−1.36)
ROA	2.062	13.336***	0.916	1.106
	(0.82)	(3.75)	(0.16)	(0.20)
JXC	−0.517	−1.019	−4.161*	−3.648*
	(−0.60)	(−0.89)	(−1.99)	(−1.75)
GDPgrowth	6.631**	9.909***	5.382	6.041
	(2.49)	(2.75)	(0.87)	(0.99)
C	1.009	−0.147	2.706	2.259
	(1.27)	(−0.14)	(1.29)	(1.08)
年度	控制	控制	控制	控制
银行	控制	控制	控制	控制
N	413	255	158	158
Adj–R^2	0.914	0.932	0.908	0.911

注：*、**、*** 分别表示 10%、5%、1% 的统计显著水平；括号内数据为对应 t 值。

稳健性检验

一、替换度量指标

前文用核心一级资本充足率对银行资本充足率水平进行度量，稳健性检验中再以总资本充足率重新度量；前文通过客户不良贷款率对银行信用风险水平进行度量，稳健性检验中再以拨备覆盖率重新度量；前文用流动性比例对银行流动性风险进行度量，稳健性检验中再以流动性覆盖率重新度量[①]。其中，总资本充足率 = 总资本净额 / 风险加权资产，该指标越高，表示银行资

---

① 在此，未采用存贷比重新度量银行流动性水平的原因在于：该指标实质上更侧重于对银行信贷资产规模的控制与管理，在现行流动性风险监管指标体系中，存贷比指标已从合规性监管指标调整为流动性风险监测工具。

本越充足；拨备覆盖率 = 贷款损失准备余额 / 不良贷款额，该指标越高表示银行对不良贷款的准备金计提越充分，信用风险越低；流动性覆盖率 = 合格优质流动性资产 / 未来 30 天现金净流出量，该指标越高表示银行流动性越强，流动性风险越低。在此基础上，本书再以总资本充足率、拨备覆盖率的各年均值分组，以及按照各银行流动性覆盖率的均值分组，并在各组样本中对模型（5-1）进行回归分析。

回归结果如表 5-7 所示。我们发现，在总资本充足率和拨备覆盖率较低的银行中，Implement × LLP 的回归系数均显著为负，说明在资本充足率较低以及信用风险较高的银行中，预期信用损失模型下贷款损失准备计提对高风险行业信贷配置规模的抑制效应更明显，结果与前文保持一致。对流动性覆盖率的回归中，Implement × LLP 的回归系数在流动性较高的银行中显著为负，与前文结果一致；在流动性覆盖率较低的银行中，虽然 Implement × LLP 回归系数不显著，但仍然为负，基本与前文保持一致。流动性覆盖率回归结果与前文稍有差异的原因可能是由于该指标缺漏值较多导致回归结果存在一定偏漏，同时，流动性覆盖率针对的是资产规模大于或等于 2000 亿元人民币的银行，这也可能导致该指标的回归结果与前文略有差异。

表 5-7 替换度量指标的稳健性检验

变量	总资本充足率		拨备覆盖率		流动性覆盖率	
	较低	较高	较低	较高	较低	较高
	(1)	(2)	(3)	(4)	(5)	(6)
Implement	0.057	0.024	0.068**	0.080*	0.013	0.155**
	(1.42)	(0.73)	(2.09)	(1.69)	(0.41)	(2.65)
LLP	2.769**	−0.803	2.106**	−2.077	−0.475	1.132
	(2.10)	(−0.52)	(2.14)	(−1.64)	(−0.35)	(0.67)
Implement × LLP	−6.389**	−2.725	−6.462***	−3.011	−2.573	−7.514**
	(−2.53)	(−1.12)	(−2.76)	(−1.02)	(−1.16)	(−2.16)
BLDKsize	0.076	−0.081	0.645	0.023	−0.045	−0.515
	(0.07)	(−0.08)	(0.80)	(0.01)	(−0.04)	(−0.28)
Ctier1	−1.450**	0.144	−0.970**	−0.384	−0.534	0.058
	(−2.20)	(0.29)	(−2.19)	(−0.85)	(−0.90)	(0.07)
Loansize	0.135	−0.390**	−0.066	−0.146	−0.173	0.158
	(0.91)	(−2.35)	(−0.67)	(−0.60)	(−1.16)	(0.65)
Banksize	−0.112**	−0.006	−0.043	−0.034	−0.069	0.007
	(−2.02)	(−0.09)	(−1.03)	(−0.51)	(−1.40)	(0.08)

变量	总资本充足率		拨备覆盖率		流动性覆盖率	
	较低	较高	较低	较高	较低	较高
	(1)	(2)	(3)	(4)	(5)	(6)
ROA	4.639	−0.980	1.570	−0.692	4.746	5.769
	(1.33)	(−0.20)	(0.50)	(−0.11)	(1.02)	(0.91)
JXC	−3.031**	0.662	−1.819*	−0.268	0.354	−3.412
	(−2.21)	(0.44)	(−1.69)	(−0.15)	(0.30)	(−1.12)
GDPgrowth	5.795	7.296*	10.357***	9.034	3.447	21.165**
	(1.33)	(1.77)	(3.52)	(1.50)	(0.94)	(2.68)
C	2.104	0.335	0.833	0.693	1.396	−1.376
	(1.52)	(0.24)	(0.86)	(0.43)	(1.17)	(−0.62)
年度	控制	控制	控制	控制	控制	控制
银行	控制	控制	控制	控制	控制	控制
N	223	190	264	137	174	64
Adj-R^2	0.923	0.928	0.936	0.956	0.896	0.909

注：*、**、*** 分别表示 10%、5%、1% 的统计显著水平；括号内数据为对应 t 值。

二、改变分组方法

前文回归分析中，分别按照核心一级资本充足率、客户不良贷款率和流动性比例的均值分组；在稳健性检验中，本章再以核心一级资本充足率、客户不良贷款率、银行流动性比例的中位数分组，然后对模型（5–1）进行回归。

表5–8汇报了按照中位数重新分组以后的回归结果。首先，第（1）列和第（2）列的回归结果显示，在核心一级资本充足率较低的银行中，Implement×LLP 的回归系数在 5% 水平下显著为负；而在较高组的银行中，虽然该系数仍显著为负，但显著性和下降程度均低于核心一级资本充足率较低组，表明预期信用损失模型下贷款损失准备计提对高风险行业信贷配置规模的抑制效应在资本充足率较低的银行更强，支持了 H2 的预测。其次，第（3）列和第（4）列的回归结果表明，只有在客户不良贷款率较高的银行中，Implement×LLP的回归系数才显著为负，说明银行信用风险越高，预期信用损失模型下贷款损失准备计提对高风险行业信贷配置规模的抑制效应更强，支持了 H3 的预测。最后，第（5）列和第（6）列的回归结果表明，在不同流动性风险的银行中，Implement×LLP 的回归系数均在 5% 水平下显著为负，说明流动性

风险对预期信用损失模型与高风险行业信贷配置规模之间的关系没有显著影响，与前文回归结果一致。

表5-8　改变分组方法的稳健性检验

变量	核心—级资本充足率		客户不良贷款率		流动性比例	
	较低	较高	较低	较高	较低	较高
	(1)	(2)	(3)	(4)	(5)	(6)
Implement	0.104**	0.044	0.043	0.090*	0.042	0.096**
	(2.12)	(1.26)	(1.20)	(1.94)	(1.08)	(2.11)
LLP	2.221	−0.862	1.723	−0.808	−0.410	1.455
	(1.56)	(−0.64)	(1.55)	(−0.70)	(−0.33)	(1.01)
Implement × LLP	−7.975**	−4.290*	−1.267	−7.611**	−6.145**	−6.342**
	(−2.50)	(−1.75)	(−0.47)	(−2.54)	(−2.19)	(−2.06)
BLDKsize	0.201	0.204	−7.856**	0.357	0.437	1.715
	(0.13)	(0.17)	(−2.42)	(0.33)	(0.49)	(0.89)
Ctier1	−0.983	−0.154	−0.253	−0.913*	−0.523	−0.575
	(−0.94)	(−0.31)	(−0.65)	(−1.90)	(−1.27)	(−0.89)
Loansize	−0.234	−0.385**	−0.068	−0.089	−0.099	−0.139
	(−1.35)	(−2.25)	(−0.42)	(−0.55)	(−0.79)	(−0.84)
Banksize	−0.023	−0.111*	0.015	−0.120**	−0.085*	0.003
	(−0.36)	(−1.94)	(0.29)	(−2.07)	(−1.66)	(0.04)
ROA	3.127	2.162	10.365***	−1.859	3.441	−1.371
	(0.70)	(0.48)	(2.79)	(−0.43)	(0.91)	(−0.30)
JXC	−0.407	−1.010	−0.367	−2.539*	−1.171	0.307
	(−0.29)	(−0.68)	(−0.31)	(−1.80)	(−1.02)	(0.20)
GDPgrowth	6.325	4.196	11.961***	5.594	2.968	12.045**
	(1.20)	(1.01)	(2.84)	(1.33)	(0.81)	(2.23)
C	0.348	2.533*	−0.501	2.370	1.883	−0.225
	(0.21)	(1.91)	(−0.43)	(1.64)	(1.60)	(−0.14)
年度	控制	控制	控制	控制	控制	控制
银行	控制	控制	控制	控制	控制	控制
N	203	210	205	208	191	170
Adj-R^2	0.920	0.894	0.947	0.920	0.921	0.897

注：*、**、*** 分别表示10%、5%、1%的统计显著水平；括号内数据为对应 t 值。

三、重新度量高风险行业

前文回归分析中，本章选取不良贷款率最高且贷款占比最高的前两个行业——制造业、批发和零售业作为高风险行业，并以两者贷款合计与贷款总额之比来度量高风险行业信贷配置规模。在稳健性检验中，本章选取不良贷款率居于前三位的制造业、批发和零售业以及采矿业作为高风险行业，并以银行 i 在第 t 年的制造业、批发和零售业、采矿业贷款合计占贷款总额之比来度量高风险行业信贷配置规模，用 GFXHYloan2 表示。重新度量之后对模型（5-1）的回归结果如表 5-9 所示。我们发现，Implement × LLP 的回归系数仍然在核心一级资本充足率较低和客户不良贷款率较高的银行中显著为负；同时，在流动性比例较低和较高的银行中均显著为负，回归结果均与前文研究保持一致。

表 5-9　重新度量被解释变量的稳健性检验

变量	核心一级资本充足率		客户不良贷款率		流动性比例	
	较低	较高	较低	较高	较低	较高
	(1)	(2)	(3)	(4)	(5)	(6)
Implement	0.073	0.038	0.034	0.113	0.028	0.105**
	(1.60)	(0.98)	(1.05)	(1.63)	(0.71)	(2.23)
LLP	1.914	−1.187	1.345	−0.724	−0.954	1.833
	(1.60)	(−0.73)	(1.20)	(−0.47)	(−0.77)	(1.20)
Implement × LLP	−6.541**	−3.608	−1.778	−8.838**	−5.572*	−6.774**
	(−2.21)	(−1.31)	(−0.75)	(−2.17)	(−1.91)	(−2.13)
BLDKsize	0.506	0.360	−2.055	0.095	0.532	1.543
	(0.38)	(0.24)	(−0.78)	(0.07)	(0.58)	(0.77)
Ctier1	−0.089	−0.190	−0.699*	−0.658	−0.545	−0.764
	(−0.12)	(−0.30)	(−1.69)	(−0.99)	(−1.28)	(−1.13)
Loansize	−0.262*	−0.385*	−0.227	−0.282	−0.100	−0.143
	(−1.88)	(−1.94)	(−1.55)	(−1.16)	(−0.77)	(−0.84)
Banksize	−0.087	−0.078	0.009	−0.151*	−0.102*	−0.009
	(−1.56)	(−1.10)	(0.19)	(−1.70)	(−1.93)	(−0.13)
ROA	2.503	1.471	13.274***	1.114	4.213	−1.023
	(0.69)	(0.26)	(3.63)	(0.19)	(1.09)	(−0.22)
JXC	−0.228	0.850	−0.791	−4.172*	−0.864	0.051
	(−0.20)	(0.36)	(−0.67)	(−1.89)	(−0.73)	(0.03)

续表

变量	核心一级资本充足率		客户不良贷款率		流动性比例	
	较低	较高	较低	较高	较低	较高
	(1)	(2)	(3)	(4)	(5)	(6)
GDPgrowth	2.682	4.902	10.443***	4.252	1.789	12.473**
	(0.63)	(1.01)	(2.83)	(0.65)	(0.47)	(2.23)
C	1.796	1.840	−0.215	3.161	2.319*	−0.000
	(1.29)	(1.14)	(−0.20)	(1.42)	(1.90)	(−0.00)
年度	控制	控制	控制	控制	控制	控制
银行	控制	控制	控制	控制	控制	控制
N	232	181	255	158	200	161
Adj-R^2	0.925	0.886	0.932	0.905	0.929	0.894

注：*、**、*** 分别表示 10%、5%、1% 的统计显著水平；括号内数据为对应 t 值。

四、重新度量贷款损失准备

在前文回归分析中，本章用经贷款总额平滑的贷款损失准备度量贷款损失准备计提（LLP）变量；在稳健性检验中，再用资产总额对当年贷款损失准备进行平滑，重新度量贷款损失准备计提变量，用 LLP2 表示。回归结果如表 5-10 所示。可以看到，Implement×LLP2 的回归系数在核心一级资本充足率较低和客户不良贷款率较高的银行中显著为负；同时，在流动性比例较低和较高的银行中均显著为负，回归结果均与前文研究保持一致。

表 5-10　重新度量贷款损失准备的稳健性检验

变量	核心一级资本充足率		客户不良贷款率		流动性比例	
	较低	较高	较低	较高	较低	较高
	(1)	(2)	(3)	(4)	(5)	(6)
Implement	0.068*	0.042	0.035	0.109*	0.060*	0.089**
	(1.86)	(1.11)	(1.18)	(1.69)	(1.71)	(2.13)
LLP2	3.194	−2.286	3.547	−2.027	−1.528	3.168
	(1.14)	(−0.70)	(1.35)	(−0.66)	(−0.60)	(0.86)
Implement×LLP2	−11.560**	−6.722	−3.450	−15.804**	−14.946***	−11.379**
	(−2.51)	(−1.39)	(−0.82)	(−2.27)	(−2.96)	(−2.10)
BLDKsize	0.290	0.047	−2.022	−0.211	0.426	1.628
	(0.22)	(0.03)	(−0.79)	(−0.16)	(0.50)	(0.82)

变量	核心一级资本充足率		客户不良贷款率		流动性比例	
	较低	较高	较低	较高	较低	较高
	(1)	(2)	(3)	(4)	(5)	(6)
Ctier1	−0.003	−0.256	−0.698*	−0.706	−0.493	−0.582
	(−0.00)	(−0.42)	(−1.74)	(−1.13)	(−1.24)	(−0.88)
Loansize	−0.263*	−0.359*	−0.272*	−0.234	−0.047	−0.182
	(−1.92)	(−1.87)	(−1.91)	(−1.06)	(−0.38)	(−1.12)
Banksize	−0.079	−0.073	0.004	−0.132	−0.094**	−0.001
	(−1.43)	(−1.08)	(0.09)	(−1.60)	(−1.99)	(−0.02)
ROA	1.369	1.542	13.303***	0.157	4.378	−2.178
	(0.39)	(0.28)	(3.71)	(0.03)	(1.23)	(−0.47)
JXC	−0.007	0.731	−1.020	−3.479*	−0.864	0.394
	(−0.01)	(0.32)	(−0.88)	(−1.69)	(−0.78)	(0.25)
GDPgrowth	3.357	4.856	9.787***	4.804	2.232	12.165**
	(0.79)	(1.04)	(2.77)	(0.78)	(0.66)	(2.20)
C	1.592	1.746	−0.067	2.734	2.078*	−0.127
	(1.15)	(1.14)	(−0.06)	(1.32)	(1.91)	(−0.08)
年度	控制	控制	控制	控制	控制	控制
银行	控制	控制	控制	控制	控制	控制
N	232	181	255	158	200	161
Adj-R^2	0.924	0.885	0.932	0.908	0.933	0.888

注：*、**、*** 分别表示10%、5%、1% 的统计显著水平；括号内数据为对应 t 值。

五、添加控制变量

为避免遗漏变量对研究结果可能造成的影响，本章参照前期研究（Beatty and Liao，2011；张姗姗等，2016），在模型（5-1）的基础上引入存贷比（CDB，即客户贷款/客户存款）、客户存款规模（KHCKsize，即客户存款/资产总额）以及基准贷款利率变化（Ratechange），以分别控制存贷款相对量、银行微观信贷供给和宏观信贷供给。回归结果如表5-11所示。其中，Implement×LLP 的回归系数仍然仅在核心一级资本充足率较低和客户不良贷款率较高的银行中显著为负；同时，在流动性比例较低和较高的银行中均显著为负，回归结果均与前文研究保持一致。

表5-11 添加控制变量的稳健性检验

变量	核心一级资本充足率		客户不良贷款率		流动性比例	
	较低	较高	较低	较高	较低	较高
	(1)	(2)	(3)	(4)	(5)	(6)
Implement	0.071	0.047	0.030	0.126*	0.035	0.094*
	(1.58)	(1.24)	(0.94)	(1.85)	(0.93)	(1.97)
LLP	1.812	−0.714	1.317	−0.560	−0.607	2.238
	(1.54)	(−0.44)	(1.19)	(−0.37)	(−0.50)	(1.47)
Implement × LLP	−5.979**	−4.202	−1.433	−9.664**	−5.579**	−6.578**
	(−2.06)	(−1.56)	(−0.62)	(−2.45)	(−2.00)	(−2.10)
BLDKsize	0.042	0.053	−1.416	−0.003	0.431	1.406
	(0.03)	(0.04)	(−0.54)	(−0.00)	(0.48)	(0.69)
Ctier1	0.159	−0.210	−0.734*	−0.598	−0.539	−0.857
	(0.21)	(−0.34)	(−1.81)	(−0.91)	(−1.31)	(−1.28)
Loansize	0.858	−0.511	−0.237	−0.003	0.108	0.775
	(1.58)	(−0.61)	(−0.50)	(−0.00)	(0.21)	(0.99)
Banksize	−0.104*	−0.073	−0.004	−0.136	−0.085	−0.031
	(−1.76)	(−1.03)	(−0.09)	(−1.55)	(−1.64)	(−0.41)
ROA	1.319	1.718	14.126***	0.895	3.946	−1.513
	(0.37)	(0.31)	(3.87)	(0.16)	(1.04)	(−0.32)
JXC	−0.421	0.515	−0.647	−4.341*	−1.338	0.356
	(−0.37)	(0.23)	(−0.54)	(−1.99)	(−1.16)	(0.23)
KHCKsize	−0.780**	0.177	−0.154	−0.222	−0.039	−0.736
	(−2.07)	(0.31)	(−0.49)	(−0.34)	(−0.11)	(−1.46)
CDB	−0.644**	0.066	0.002	−0.159	−0.130	−0.540
	(−2.05)	(0.12)	(0.01)	(−0.27)	(−0.43)	(−1.14)
Ratechange	−0.009	−0.010	−0.040*	−0.067	−0.020	−0.048
	(−0.33)	(−0.32)	(−1.93)	(−1.63)	(−0.88)	(−1.41)
GDPgrowth	0.972	4.011	4.511*	−1.986	0.650	4.661
	(0.35)	(1.08)	(1.72)	(−0.46)	(0.26)	(1.04)
C	2.681*	1.687	0.492	3.369	2.051*	1.350
	(1.92)	(1.14)	(0.46)	(1.62)	(1.80)	(0.80)
年度	控制	控制	控制	控制	控制	控制
银行	控制	控制	控制	控制	控制	控制
N	232	181	255	158	200	161
Adj-R^2	0.925	0.883	0.932	0.905	0.930	0.889

注：*、**、*** 分别表示10%、5%、1% 的统计显著水平；括号内数据为对应 t 值。

本章小结

本章基于我国商业银行同时受会计准则监管和银行业风险监管约束的现实背景，在第四章研究结论的基础上，进一步探讨了银行业风险监管因素对预期信用损失模型与高风险行业信贷配置规模之间相互关系的影响效应，以更全面、深入地考察预期信用损失模型在我国银行业中的实际运用效果，并为相关金融监管制度与预期信用损失模型会计准则之间的协调性提供经验证据。

以 2015~2019 年我国商业银行数据为样本，通过双重差分模型和分组检验方式，本章发现，当银行资本充足率较低或信用风险较大时，预期信用损失模型下贷款损失准备计提对高风险行业信贷配置规模的抑制效应更明显，说明银行业资本充足率监管和信用风险监管进一步抑制了银行的信贷风险承担行为，与预期信用损失模型具有一定的协同效应。此外，在信用风险较大的银行中，如果该银行属于农村商业银行，上述抑制效应将较其他银行更明显。但在流动性水平不同的银行中，该抑制效应均显著，并不存在显著差异，说明流动性风险监管对预期信用损失模型运用效果不具有显著影响。同时，资本充足率监管的异质性检验结果，也证明了前文第四章分析的资本充足率下降所产生的信贷风险承担约束路径确实存在。

本章结论可能提供以下两个方面的政策启示：一是预期信用损失模型下贷款损失准备计提对银行高风险行业信贷配置规模的抑制效应确实会受到金融风险监管的影响，会计准则制定机构在评估预期信用损失模型的经济后果时应对此加以考虑，以更科学、全面地考察该模型的实际运用效果。二是现阶段我国资本充足率监管、信用风险监管具有抑制银行信贷风险承担行为的效应，表现出与预期信用损失模型相同的作用方向，因此，它们在银行的信贷风险防范方面具有一定协调性，这有助于加强会计监管部门和金融监管部门的相互配合和协同发展。在会计准则和金融监管制度进一步完善的过程中，相关部门仍应持续关注两者的协调性问题，以使两种制度安排能够更好地发挥协同效应。

第六章

银行业效益监管的
进一步影响

引言

2015 年以来,我国宏观经济增速放缓,银行业市场竞争加剧,商业银行盈利增长呈现普遍下降趋势。随着金融"严监管"等一系列监管政策的推行,进一步导致商业银行盈利承压。在我国,商业银行面临着运营效益的考核与监管,正如本书第三章所指出,金融监管部门将通过资产利润率、资本利润率等指标对银行效益和业绩进行监督评价。因此,在银行盈利下降,同时又面临效益监管压力的情况下,其是否会通过盈余管理行为以达到满足监管要求的目的,这是一个不容忽视的问题。贷款损失准备作为银行最大的应计项目,通常被用于银行盈余管理(Ma,1988;Collins et al.,1995;Liu and Ryan,2006;Beatty and Liao,2014;Ozili,2017)。因此,当银行面临较大的效益监管压力时,将可能通过操纵贷款损失准备进行盈余管理。

如果银行存在盈余管理行为,其会计信息质量必然将受影响(Beck and Narayanamoorthy,2013)。而对于银行业而言,信息质量和信息透明度是其审慎监管和市场约束力量有效发挥监督功能的重要基础(Bushman and Williams,2012;Bushman,2014)。如果贷款损失准备盈余管理行为确实存在,将可能影响未来风险信息的传递,进而影响市场约束力量对银行风险承担行为的监督效力,此时,银行的信贷决策可能发生相应改变。

由此可见,在银行业效益监管下,银行贷款损失准备计提可能因盈余管理需要而"相机"发生。如果在预期信用损失模型运用之后,出现"相机型"贷款损失准备,那么必然将影响风险信息的传递,并最终影响到预期信用损失模型效用的发挥。因此,探讨银行效益监管下贷款损失准备计提行为的改变,并讨论该变化对预期信用损失模型运用效果的影响,是在当前我国银行业面临效益监管的现实背景下,对预期信用损失模型经济后果进行研究时必须考虑的一个重要问题。鉴于此,本章与第五章并列,在第四章研究的基础上,继续探讨金融监管中的银行业效益监管可能产生的进一步影响。

具体而言,本章研究的问题主要包括以下四个方面:一是商业银行在效益监管压力下是否会通过贷款损失准备计提进行盈余平滑?二是如果银行存在贷款损失准备盈余平滑行为,那么预期信用损失模型运用之后,银行因向上盈余管理而少计提的贷款损失准备将对高风险行业信贷配置规模产生怎样的影响？三是在盈利能力不同、类型不同的银行中，以及在上市银行与非上市银行中，上述效应是否存在异质性？四是预期信用损失模型运用之后，银行所计提的能真实反映信贷风险状况的"非相机型"贷款损失准备，又将对高风险行业信贷配置规模产生怎样的影响？

本章在第四章研究的基础上，利用 2015~2019 年我国商业银行数据，通过实证检验发现三个问题：一是我国商业银行在效益监管压力下确实存在显著的贷款损失准备盈余平滑行为，当盈余较低时，倾向于计提较少的贷款损失准备以实现向上盈余管理。由此表明，在效益监管影响下，银行贷款损失准备计提行为将随银行盈余水平而"相机"发生。二是在预期信用损失模型运用之后，银行因向上盈余管理而少计提的贷款损失准备将显著提高银行的高风险行业信贷配置规模，且该效应在盈利能力较弱的银行、城市商业银行和农村商业银行，以及非上市银行中更明显。由此，该结果表明，预期信用损失模型下银行因向上盈余管理而少计提的贷款损失准备将加大银行信贷风险承担行为。同时，当银行盈利水平越低，面临的效益监管压力越大时，或者当银行所受的外部监管和市场约束较弱时，将更有动机进行贷款损失准备的向上盈余管理，因而导致其进行更多的信贷风险承担行为。盈利水平不同的银行中出现的异质性效应，也表明银行效益监管压力的影响确实存在。三是本章还发现，与向上盈余管理的"相机型"贷款损失准备不同，预期信用损失模型运用之后，银行所计提的能够真实反映信用风险状况的"非相机型"贷款损失准备，能够显著抑制银行对高风险行业的信贷配置规模。由此表明，预期信用损失模型运用下的"非相机型"贷款损失准备切实发挥了约束银行信贷风险承担行为的效应，贷款损失准备会计信息质量对预期信用损失模型功能的发挥具有重要作用。

本章可能的研究贡献包括以下两个方面：一是丰富了预期信用损失模型经济后果及其作用机理的相关文献。前期关于预期信用损失模型实际运用效果的经验研究非常有限，同时，也少有研究从贷款损失准备内部结构出发探讨其作用机理。本章不仅考察了预期信用损失模型运用对银行高风险行业信贷配置规模的影响，同时还结合金融监管制度中的银行效益监管，通过拆分不同性质的贷款损失准备，深入探讨了预期信用损失模型下不同贷款损失准备计提对银行高风险行业信贷配置规模的影响。因此，本章从研究结论和作用机理上对前期研究进行了有益补充。二是本章结论具有重要政策参考价值。本章在探讨预期信用损失模型运用的经济后果时，结合了金融监管制度中的效益监管，并考察了该监管制度可能对预期信用损失模型运用效果所产生的影响。因此，本章结论为更客观、全面地评估预期信用损失模型实际运用效果提供了重要经验证据，也为预期信用损失模型与相关金融监管制度的协调发展提供了重要启示。

本章其他部分安排如下：第二部分为理论分析与研究假设；第三部分为研究设计；第四部分为实证结果分析；第五部分为进一步研究；第六部分为稳健性检验。

第二节

理论分析与研究假设

一、银行业效益监管下的贷款损失准备计提与银行盈余平滑行为

盈利性是银行发展壮大的内在动力（宋光辉等，2016），我国监管部门向来重视对银行业绩和效益的监督与考核。例如，原银监会制定的《商业银行风险监管核心指标（试行）》明确规定，银行资产利润率不应低于0.6%、资本利润率不应低于11%。时至今日，资产利润率等指标仍然是国家金融监督管理总局对银行进行效益监管所运用的重要指标[①]。不仅如此，财政部在《金融企业绩效评价办法》中也明确将银行盈利能力作为重要的绩效评价内容之一，并赋予了25%的权重。由此可见，我国商业银行经营效益受到多方监管，这给银行管理层带来了较大的业绩压力。同时，银行管理层绩效考核和薪酬奖励也与各项效益监管指标挂钩。当银行盈余水平越稳健、收益波动越小时，银行面临的效益监管压力越小，管理层也越容易达到绩效考核目标；反之，如果盈余波动较大，银行管理层则可能面临较大监管压力和考核压力，此时其将有较大动机进行盈余平滑（何靖，2016；汪峰等，2019）。

而对于银行贷款损失准备项目而言，由于其是对贷款未来预期信用损失的一种估计，银行在计提贷款损失准备时拥有较大自由裁量权（Kanagaretnam et al.，2004；Curcio et al.，2017），因此，贷款损失准备成为银行最大的应计项目。同时，相比其他会计项目，贷款损失准备与银行净收入相关性最高，对银行业绩具有重大影响（Beatty and Liao，2014）。贷款损失准备所具有的上述属性，决定了其通常被作为银行盈余平滑工具（Ma，

[①] 国家金融监督管理总局每年所披露的《商业银行主要监管指标情况表》中，包括信用风险指标、流动性指标、效益性指标、资本充足指标和市场风险指标。其中，效益性指标主要包括资产利润率、资本利润率、净息差等。具体内容详见本书第三章中的表3-2。

1988；Collins et al.，1995；Liu and Ryan，2006；Beatty and Liao，2014；Ozili，2017），且具体表现为：在经营收益较高时，银行会提高贷款损失准备计提额；在经营收益较低时，银行会减少贷款损失准备计提额（Ma，1988；Benston and Wall，2005）。

在贷款损失准备计提的已发生损失模型下，银行通过贷款损失准备计提进行盈余平滑的行为已在不同经济体中得到相关证明。例如，Kanagaretnam等（2004）以美国银行为样本的研究发现，银行会通过贷款损失准备进行盈余平滑，尤其当盈余管理前盈余波动较大时，管理层通过操纵性贷款损失准备进行盈余平滑的意愿更强烈。Curcio等（2017）研究表明，欧洲地区银行会利用贷款损失准备进行盈余平滑。在我国，陈超等（2015）、黄有为和史建平（2016）同样研究发现，我国商业银行也存在贷款损失准备盈余平滑行为。而对于贷款损失准备计提的预期信用损失模型，同样赋予了银行管理层较多自由裁量权（Gebhardt and Novotny-Farkas，2011），这给银行管理层创造了较大盈余管理空间（王菁菁和刘光忠，2014；Cohen and Jr，2017）。这是因为，该模型涉及大量主观判断和关键假设，例如，信用风险是否显著增加高度依赖判断；计量预期信用损失模型需要输入大量参数，且参数设定涉及较多估计，包括违约概率、违约损失率、违约风险暴露等；前瞻性信息也高度依赖于专家对宏观经济的预测和判断。同时，在具体操作上，新准则尚未对"违约"、信用质量"显著恶化"等关键事项进行明确界定，这也为银行管理层提供了盈余操纵空间。此外，贷款损失准备计提的三阶段可逆，减值准备可冲回（当贷款信用风险不再属于高水平时，可以调整为阶段一，然后按 12 个月预计信用损失，此时原计提的减值准备可以冲回），这也为盈余操纵提供了更多可能。总之，银行计提贷款损失准备时拥有较大自由裁量权，而该项目又与银行净收入高度相关，因此，贷款损失准备计提为银行进行盈余平滑提供了条件和工具。

综合上述分析，本章认为，银行在效益监管压力下，管理层有较大动机通过贷款损失准备计提进行盈余平滑，据此，本章提出以下假设：

H5：我国商业银行在银行业效益监管下存在显著的贷款损失准备盈余平滑行为，即当银行收益越低时，贷款损失准备计提越少。

二、"相机型"贷款损失准备计提对银行高风险行业信贷配置规模的影响

如果 H5 所预测的银行贷款损失准备盈余平滑行为确实存在，那么该行

为可能进一步影响银行对高风险行业的信贷投放决策。这是因为，因向上盈余管理①所少计提的贷款损失准备（"相机型"贷款损失准备）将通过影响资本充足率水平和风险信息质量而对银行信贷风险承担行为产生影响。

一方面，根据银行核心一级资本的计算公式"核心一级资本=（股本+资本公积可计入部分+盈余公积+一般风险准备+未分配利润+少数股东资本可计入部分）–（商誉和对有控制权但不并表的金融机构的核心一级资本投资等扣减项）"，当银行每少计提1个单位贷款损失准备时，当期净利润将增加"1–1×所得税率"个单位，而净利润的增加又将最终导致银行资本充足率水平提高。因此，当银行为达到效益监管要求而少计提贷款损失准备时，其资本充足率将增加。当银行资本充足率水平较高时，其对银行风险承担行为的约束效应将减弱，银行将可能进行更多的高风险信贷行为，可能增加高风险行业的信贷投放。

另一方面，当银行存在贷款损失准备盈余平滑行为时，贷款损失准备的信息透明度将下降，其所包含的风险信息质量随之降低（Bushman et al.，2012），这将进一步影响银行报表使用者利用贷款损失准备会计信息所做的相关决策。尤其对于市场约束力量而言，由于银行真实的信用风险信息无法及时、有效地传递，导致其对银行风险承担行为的监督减弱。Bushman等（2012）已对此予以了证明，他们发现，用于盈余管理的前向型贷款准备金计提模式确实削弱了银行市场约束力量对银行风险承担行为的监督能力，导致银行从事更多风险承担行为。

综上所述，银行在运用预期信用损失模型的情况下，如果存在向上盈余管理行为，那么因此而少计提的贷款损失准备将导致银行进行更多的风险承担行为，进而加大对高风险行业的信贷投入。据此，本章提出以下假设：

H6：预期信用损失模型运用下，银行进行向上盈余管理的相机型贷款损失准备越多，银行对高风险行业的信贷配置规模越大。

---

① 在此，本书主要探讨贷款损失准备计提的向上盈余管理行为，这主要基于两方面考虑：一是在当前我国银行业盈利增长普遍下降的情况下，商业银行面临较大的效益监管压力，因此多数情况下通过少计提贷款损失准备提高盈余水平，以满足效益监管要求；二是本书所探讨的问题主要集中于银行信贷风险承担行为，而对该行为产生负面影响的主要是贷款损失准备少计提所导致的向上盈余管理行为。基于上述考虑，后文所研究的问题主要针对贷款损失准备计提的向上盈余管理行为。

研究设计

一、研究期间和数据来源

根据新 CAS22，我国商业银行从 2018 年起开始分批采用预期信用损失模型。考虑到预期信用损失模型运用效果的时效性以及为更好地捕捉相关变量之间的因果关系，本章选择预期信用损失模型开始运用的前三年、当年以及运用之后的第二年为研究年份，因此本章研究期间为 2015~2019 年。

本章数据来源包括以下四个方面：① GDP 年增长率数据通过查阅国家统计局网站获得；②商业银行财务数据来自 BankFocus 数据库；③行业不良贷款数据来自 Wind 数据库；④银行行业贷款数据来自 CSMAR 数据库。对于上述数据库，以 BankFocus 数据库为基准，按照银行名称和年份作为匹配变量，再对 Wind 数据库和 CSMAR 数据库进行合并。在此还需说明的是，由于新 CAS22 除要求上市银行于 2018 年起开始分批采用预期信用损失模型外，还鼓励银行提前实施，因此，现实中可能存在部分银行提前采用预期信用损失模型的情况。为准确度量每家银行运用预期信用损失模型的具体时间，通过手工查阅 BankFocus 数据库所收录的商业银行的年报，本章获取了各银行预期信用损失模型实际运用的年份信息。剔除缺漏值后，最终获得 407 个银行年度观测值。为消除异常值影响，对所有连续变量在 1% 和 99% 分位数上进行 Winsorize 缩尾处理，所用统计软件为 Stata。

二、基本模型设定和主要变量定义

在借鉴 Ahmed 等（1999）、Leventis 等（2011）、Balboa 等（2013）研究的基础上，本章设定模型（6-1）对 H5 进行检验：

$$LLP_{i,t} = \alpha_0 + \alpha_1 EBIT_{i,t} + \alpha_2 NPLchange\_L_{i,t-1} + \alpha_3 NPLchange_{i,t} + \\ \alpha_4 Ctier1_{i,t} + \alpha_5 Loansize_{i,t} + \alpha_6 GDPgrowth_{i,t} + \sum Year + \sum Bank + \varepsilon_{i,t} \quad (6-1)$$

在上述模型中，被解释变量 LLP 表示银行计提的贷款损失准备，参照 Ahmed 等（1999）、Leventis 等（2011）做法，用贷款损失准备计提额与贷款总额之比来衡量。解释变量为 EBIT，表示 LLP 计提前的盈余水平，用扣除

LLP 前的税前盈余/年末资产总额来衡量。EBIT 对 LLP 的回归系数 α_1 即可用于衡量贷款损失准备盈余平滑行为（Ahmed et al.，1999；Leventis et al.，2011；Balboa et al.，2013；Beatty and Liao，2014）。如果 α_1 显著为正，那么表明银行当期盈余越少时，贷款损失准备计提越少；而当期盈余越多时，贷款损失准备计提越多，即存在显著的盈余平滑行为。

此外，借鉴以前研究，在模型（6-1）中还引入一系列控制变量，包括上一期不良贷款变化率（NPLchange_L）、当期不良贷款变化率（NPLchange）、核心一级资本充足率（Ctier1）、贷款规模（Loansize），以及宏观层面的 GDP 年增长率（GDPgrowth），并控制了年度固定效应和银行个体效应，以考察难以观测的时间效应和银行个体特征。

为检验 H6，本章创建以下基本模型：

$$
\begin{aligned}
GFXHYloan_{i,t} = {} & \beta_0 + \beta_1 Implement_{i,t} + \beta_2 DLLP_{i,t} + \\
& \beta_3 Implement_{i,t} \times DLLP_{i,t} + \beta_4 NDLLP_{i,t} + \beta_5 BLDKsize_{i,t} + \\
& \beta_6 Ctier1_{i,t} + \beta_7 Loansize_{i,t} + \beta_8 Banksize_{i,t} + \beta_9 ROA_{i,t} + \\
& \beta_{10} JXC_{i,t} + \beta_{11} GDPgrowth_{i,t} + \sum Year + \sum Bank + \varepsilon_{i,t}
\end{aligned}
\tag{6-2}
$$

在模型（6-2）中，被解释变量 GFXHYloan 表示银行 i 在第 t 年的高风险行业信贷配置规模，借鉴刘冲等（2019）的做法，用银行 i 在第 t 年的高风险行业贷款余额与贷款总额之比来衡量。在此，本章所指的高风险行业包括制造业、批发和零售业，其具体说明详见第四章第三节中"基本模型设定和主要变量定义"部分，在此不再赘述。基于此，本章的高风险行业贷款规模 GFXHYloan 具体是指银行 i 在第 t 年的制造业、批发和零售业贷款余额合计与贷款总额之比。

解释变量为 Implement × DLLP。其中，Implement 为预期信用损失模型实施变量。由于各银行实施时间尚不统一，借鉴白俊等（2018）、许和连和王海成（2018）、于李胜等（2019）、Ali 等（2019）的研究，本章按照以下方法给 Implement 赋值，以实现双重差分效果：在银行运用预期信用损失模型当年及之后年份，Implement 赋值为 1，否则为 0；如果银行一直没有运用预期信用损失模型，Implement 各年均赋值为 0。DLLP 为"相机型"贷款损失准备计提变量，表示银行进行向上盈余管理而少计提的贷款损失准备。借鉴戴德明和张姗姗（2016）的做法，本章按照如下方法计算 DLLP。

首先，在模型（6-1）基础上，选择 NPLchange_L、NPLchange、Loansize、GDPgrowth 这四个变量对 LLP 进行回归，如模型（6-3）所示。

$$LLP_{i,t} = \gamma_0 + \gamma_1 NPLchange\_L_{i,t-1} + \gamma_2 NPLchange_{i,t} + \gamma_3 Loansize_{i,t} + \gamma_4 GDPgrowth_{i,t} + \varepsilon_{i,t} \tag{6-3}$$

其次，再以模型（6-3）的回归系数计算"非相机型"贷款损失准备，用 NDLLP 表示，计算公式如下：

$$NDLLP_{i,t} = \widehat{\gamma_0} + \widehat{\gamma_1} NPLchange\_L_{i,t-1} + \widehat{\gamma_2} NPLchange_{i,t} + \widehat{\gamma_3} Loansize_{i,t} + \widehat{\gamma_4} GDPgrowth_{i,t} \tag{6-4}$$

由于上述四个变量均表示银行实际已识别的信用风险，因此所计算的"非相机型"贷款损失准备 NDLLP 即为银行实际应计提的贷款损失准备额。在此基础上，再通过计算实际应提额与实际计提额之差，得到银行用于向上盈余管理而少计提的贷款损失准备，即"相机型"贷款损失准备 DLLP，具体计算公式如下：

$$DLLP_{i,t} = NDLLP_{i,t} - LLP_{i,t} \tag{6-5}$$

除上述变量外，在模型（6-2）中还控制了一系列其他变量，包括银行不良贷款规模（BLDKsize）、核心一级资本充足率（Ctier1）、贷款规模（Loanszie）、银行规模（Banksize）、资产回报率（ROA）、净息差（JXC）、GDP 年增长率（GDPgrowth）。同时，模型（6-2）还对年度固定效应和银行个体效应进行了控制，以测度难以观测的时间效应和银行个体特征。上述所有变量具体定义如表6-1所示。

表6-1　主要研究变量定义

变量名称	变量符号	变量定义
贷款损失准备计提	LLP	计提的贷款损失准备 / 贷款总额
高风险行业信贷配置规模	GFXHYloan	（制造业贷款余额 + 批发和零售业贷款余额）/ 贷款总额
贷款损失准备计提前税前盈余	EBIT	贷款损失准备计提前税前盈余 / 资产总额
是否实施预期信用损失模型	Implement	研究期间内，银行运用预期信用损失模型当年及以后年份，取值为 1；否则取值为 0
"非相机型"贷款损失准备	NDLLP	根据模型（6-4）计算，表示银行实际应计提的贷款损失准备

续表

变量名称	变量符号	变量定义
"相机型"贷款 损失准备	DLLP	根据模型（6-5）计算， 表示银行进行向上盈余管理而少计提的贷款损失准备
上一年不良贷款 变化率	NPLchange_L	（第 t-1 年不良贷款额 - 第 t-2 年不良贷款额）/ 第 t-2 年资产总额
当年不良贷款 变化率	NPLchange	（第 t 年不良贷款额 - 第 t-1 年不良贷款额）/ 第 t-1 年资产总额
不良贷款规模	BLDKsize	不良贷款余额 / 平均风险加权资产
核心一级资本 充足率	Ctier1	核心一级资本净额 / 风险加权资产
贷款规模	Loansize	贷款余额 / 资产总额
银行规模	Banksize	资产总额的自然对数
资产回报率	ROA	净利润 / 年初和年末资产总额的平均值
净息差	JXC	（利息收入 - 利息支出）/ 生息资产
宏观经济变化	GDPgrowth	GDP 年增长率
年度	Year	哑变量，代表研究期间各年度其他因素影响
银行个体	Bank	哑变量，代表研究期间各个体其他因素影响

在模型（6-2）中，我们重点关注 Implement×DLLP 的回归系数 β_3。若 β_3 显著为正，则说明银行运用预期信用损失模型之后，进行向上盈余管理而少计提的"相机型"贷款损失准备越多，银行对高风险行业的信贷配置规模越大，此时 H6 得证。

实证结果分析

一、变量描述性统计结果

主要变量描述性统计结果如表 6-2 所示。其中，贷款损失准备计提（LLP）均值为 0.012，说明平均而言，每单位贷款会计提 1.2% 的贷款损失准备。EBIT 均值为 0.016，说明平均而言，样本银行计提贷款损失准备前的税前利润占资产总额比例为 1.6%。高风险行业信贷配置规模（GFXHYloan）均值为 0.314，说明平均而言，银行对高风险行业的信贷投放规模约占该银行贷款总额的 31.4%，占比较大。预期信用损失模型是否实施变量 Implement，其均值为 0.168，表明约有 16.8% 的样本银行实施了预期信用损失模型。"相机型"贷款损失准备（DLLP）均值为 0.0003，表明银行用于向上盈余管理而少计提的贷款损失准备约占贷款总额的 0.03%。"非相机型"贷款损失准备（NDLLP）均值为 0.012，表明银行应计提的贷款损失准备约占贷款总额的 1.2%。"相机型"贷款损失准备和"非相机型"贷款损失准备以及其他变量分布特征均与前期研究相符。

表 6-2　变量描述性统计结果

变量	均值	标准差	最小值	中位数	最大值	样本量
LLP	0.012	0.006	0.0002	0.011	0.031	407
EBIT	0.016	0.004	0.002	0.015	0.033	407
NPLchange_L	0.002	0.004	−0.020	0.001	0.026	407
NPLchange	0.002	0.003	−0.016	0.001	0.018	407
Ctier1	0.106	0.017	0.078	0.103	0.177	407
Loansize	0.449	0.086	0.179	0.452	0.631	407
GDPgrowth	0.067	0.003	0.061	0.068	0.070	407
GFXHYloan	0.314	0.154	0.017	0.274	0.781	369
Implement	0.168	0.374	0	0	1	369
DLLP	0.0003	0.005	−0.017	0.001	0.012	369
NDLLP	0.012	0.001	0.008	0.012	0.017	369
BLDKsize	0.013	0.006	0.001	0.012	0.040	369
Banksize	19.796	1.669	17.136	19.272	23.770	369
ROA	0.009	0.003	0.001	0.008	0.020	369
JXC	0.023	0.008	0.003	0.023	0.056	369

二、基本回归结果

表 6-3 第（1）列和第（2）列分别汇报了模型（6-1）和模型（6-2）的回归结果。第（1）列显示，EBIT 回归系数在 1% 水平下显著为正，说明贷款损失准备计提前税前盈余越低，银行贷款损失准备计提越少，这表明在现行效益监管压力下，我国商业银行确实存在通过贷款损失准备操纵进行的盈

余平滑行为，支持了 H5 的预测。第（2）列结果显示，Implement×DLLP 的回归系数在 1% 水平下显著为正，说明相对于未运用预期信用损失模型的银行，运用预期信用损失模型的银行在运用之后，进行向上盈余管理的"相机型"贷款损失准备（向上盈余管理而少计提的贷款损失准备）越多，银行对高风险行业的信贷配置规模越大，与 H6 预测一致。这表明银行运用预期信用损失模型之后，如果存在贷款损失准备向上盈余管理行为，那么少计提的贷款损失准备将增加银行信贷风险承担行为。

表 6-3　贷款损失准备盈余平滑行为及其对银行高风险行业信贷配置规模的影响

变量	LLP	GFXHYloan
	(1)	(2)
EBIT	1.160***	
	(12.55)	
Implement		−0.008
		(−0.70)
DLLP		−0.942
		(−1.10)
Implement×DLLP		4.275***
		(2.61)
NPLchange_L	0.128**	
	(2.37)	
NPLchange	0.143***	
	(2.60)	
NDLLP		−5.099
		(−0.89)
BLDKsize		1.499
		(1.08)
Banksize		−0.030
		(−0.87)
ROA		4.884*
		(1.87)
JXC		−0.719
		(−0.78)
Ctier1	−0.056***	−0.560*
	(−2.81)	(−1.80)

续表

变量	LLP	GFXHYloan
	(1)	(2)
Loansize	−0.018***	−0.229*
	(−3.06)	(−1.85)
GDPgrowth	−0.332***	6.408**
	(−4.01)	(2.38)
C	0.033***	0.863
	(4.46)	(1.09)
年度	控制	控制
银行	控制	控制
N	407	369
Adj–R²	0.717	0.922

注：*、**、*** 分别表示 10%、5%、1% 的统计显著水平；括号内数据为对应 t 值。

第五节

进一步研究

一、异质性分析

前文研究表明，银行因面临效益监管压力，有动机通过操纵贷款损失准备进行向上盈余管理，而这一行为又将导致银行进行更多的信贷风险承担行为，增加对高风险行业的信贷投入。由此可见，在这一过程中，银行所面临的效益监管压力非常重要，如果银行所面临的效益监管压力不同，那么其进行盈余平滑的程度可能不同，进而导致对信贷风险承担行为的影响效应也不同。除此以外，银行所面临的市场约束环境不同，其盈余平滑程度和随之产生的信贷投放效应也可能存在差异。为考察上述问题，本章从银行盈利能力高低、银行类型和银行是否上市三个维度进行异质性分析。

（一）基于盈利能力高低的分组检验

当银行盈利越低时，其所面临的效益监管压力越大，将更有动机通过少计提贷款损失准备进行向上盈余管理。而贷款损失准备计提的减少，将在很大程度上无法通过资本收缩的约束效应以及风险信息的传递效应来抑制该类银行的风险承担行为。因此，在盈利较低的商业银行中预期信用损失模型运用下因向上盈余管理而少计提的贷款损失准备对银行高风险行业信贷配置规模的正向影响可能更明显。

为检验上述推测，本章按照商业银行盈利能力高低进行分组检验。具体而言，首先计算银行各年资产回报率（ROA）的均值。其次按照该均值进行分组：如果银行 ROA 小于当年均值，表明其盈利能力较低，为盈利能力低组；反之，如果 ROA 大于或等于当年均值，表明其盈利能力较强，为盈利能力高组。按上述方法分组后对模型（6-2）的回归结果如表 6-4 所示。

表 6-4　基于银行盈利能力高低的分组检验结果

变量	盈利能力	
	较低	较高
	(1)	(2)
Implement	−0.012	−0.003
	(−0.53)	(−0.23)
DLLP	0.383	0.463
	(0.27)	(0.35)
NDLLP	−9.570	1.140
	(−1.20)	(0.10)
Implement × DLLP	7.429**	0.887
	(2.20)	(0.39)
BLDKsize	2.653	−0.236
	(1.26)	(−0.09)
Ctier1	−1.054*	−0.328
	(−1.72)	(−0.75)
Loansize	−0.292	−0.282
	(−1.26)	(−1.55)
Banksize	−0.071	0.001
	(−1.02)	(0.02)
ROA	0.953	14.971***
	(0.20)	(2.84)
JXC	−0.186	−0.069
	(−0.12)	(−0.05)
GDPgrowth	5.353	4.819
	(1.03)	(1.14)

续表

变量	盈利能力	
	较低	较高
	(1)	(2)
C	1.868	−0.116
	(1.15)	(−0.10)
年度	控制	控制
银行	控制	控制
N	182	187
Adj-R^2	0.905	0.941

注：*、**、*** 分别表示 10%、5%、1% 的统计显著水平；括号内数据为对应 t 值。

我们发现，在盈利能力较低的商业银行中，Implement × DLLP 对高风险行业信贷配置规模（GFXHYloan）的回归系数显著为正，而在盈利能力较强的银行中，该系数不显著。由此，该结果表明，银行盈利能力越低时，其所面临的效益监管压力越大，因此通过少计提贷款损失准备而进行的向上盈余管理更严重，并最终影响了其信贷行为，具体表现为：在预期信用损失模型运用之后，因向上盈余管理而少计提的贷款损失准备显著提高了银行对高风险行业的信贷配置规模。该结论也说明，银行所面临的效益监管压力将会对预期信用损失模型的运用效果产生影响。

（二）基于银行类型的分组检验

在我国特殊制度背景下，商业银行包括国有大型银行、全国性股份制银行、城市商业银行和农村商业银行等不同类型，其在银行规模、业务资源、盈利能力、公司治理等方面均存在较大差异（刘莉亚等，2014）。其中，国有大型银行与全国性股份制银行在业务范围上均覆盖全国，资产规模较大，盈利能力较强，公司治理水平较高。因此，参考吴玮（2011）的划分方法，本章将国有银行和全国性股份制银行划分为第一组——全国性商业银行。本章将样本中所有城市商业银行划为第二组，为城市商业银行组，这类银行属于区域性金融机构，其业务主要集中于所在城市，业务范围和资产规模均与大型银行存在较大差距，盈利能力也相对较弱。第三组为农村商业银行组，包括样本中所有农村商业银行。与城市商业银行类似，农村商业银行也主要立足于本地业务，属于地方性商业银行（褚剑和胡诗阳，2020）。但农村商业银行主要服务于小微企业、农户和县域经济（刘莉亚等，2014），业务单一化程度较高，盈利能力较弱，治理水平也比较低（顾海峰和于家珺，2019）。

对于城市商业银行和农村商业银行而言，由于其盈利能力更弱，面临的效益监管压力通常较大，因此将更有动机进行向上盈余管理。同时，由于其治理水平也较低，因此，银行管理层也更有可能进行盈余管理行为。由此，在城市商业银行和农村商业银行中，预期信用损失模型运用下"相机型"贷款损失准备对高风险行业信贷配置规模的正向影响可能更强。

为检验上述推测，本章按照银行类型分组后，分别对模型（6-2）进行回归，其结果如表6-5所示。我们发现，只有在城市商业银行和农村商业银行中，Implement×DLLP 对高风险行业信贷配置规模（GFXHYloan）的回归系数才显著为正；在全国性商业银行中，该系数不显著。因此，该结果表明，在我国城市商业银行和农村商业银行中，由于其盈利能力和公司治理能力有限，将更有可能进行贷款损失准备的向上盈余管理行为，进而削弱了预期信用损失模型运用下贷款损失准备计提对银行风险承担行为的抑制效应，表现为增加了对高风险行业的信贷投入。

表 6-5　基于银行类型的分组检验结果

变量	全国性商业银行	城市商业银行	农村商业银行
	(1)	(2)	(3)
Implement	0.013	−0.008	−0.011
	(0.60)	(−0.44)	(−0.30)
DLLP	0.615	−2.435**	0.323
	(0.23)	(−2.21)	(0.12)
NDLLP	−9.133	−7.448	8.258
	(−0.61)	(−0.88)	(0.73)
Implement × DLLP	1.553	5.668*	7.122*
	(0.62)	(1.84)	(1.87)
BLDKsize	0.267	2.823	−2.983
	(0.07)	(1.33)	(−1.01)
Ctier1	−0.989	−1.216**	0.722
	(−0.86)	(−2.58)	(0.90)
Loansize	−0.361	−0.184	−0.435
	(−1.55)	(−0.95)	(−1.23)
Banksize	−0.048	−0.095*	−0.105
	(−0.54)	(−1.69)	(−0.97)

变量	全国性商业银行	城市商业银行	农村商业银行
	(1)	(2)	(3)
ROA	33.314***	7.960**	−12.264
	(2.81)	(2.47)	(−1.26)
JXC	−0.848	−1.794	2.644
	(−0.26)	(−1.57)	(0.84)
GDPgrowth	3.388	2.593	9.841
	(0.66)	(0.60)	(1.48)
C	1.058	2.105	1.945
	(0.50)	(1.53)	(0.83)
年度	控制	控制	控制
银行	控制	控制	控制
N	74	215	80
Adj-R^2	0.893	0.922	0.885

注：*、**、*** 分别表示 10%、5%、1% 的统计显著水平；括号内数据为对应 t 值。

（三）基于银行是否上市的分组检验

上市银行与非上市银行之间存在较大监管差异（米春蕾和陈超，2018），上市银行通常面临更强市场约束和监督（陈超等，2015）。在此情况下，上市银行通过贷款损失准备进行盈余平滑的机会更少（申宇等，2020）。而对于非上市银行而言，由于其监管约束相对较弱，因此其更有可能进行贷款损失准备盈余平滑。据此，本章认为，在非上市银行中，银行管理层进行贷款损失准备向上盈余管理的可能性更高，因此而少计提的贷款损失准备将导致银行进行更多的信贷风险承担行为，在行业信贷配置上表现为投入更多的高风险行业贷款。因此，在非上市银行中，预期信用损失模型运用下因向上盈余管理而少计提的贷款损失准备对高风险行业信贷配置规模的正向影响将更明显。

为检验上述推测，本章按照银行是否上市分组，再对模型（6-2）进行回归分析，结果如表 6-6 所示。其中，Implement×DLLP 对高风险行业信贷配置规模（GFXHYloan）的回归系数仅在非上市银行中显著为正，说明非上市银行确实存在更严重的贷款损失准备向上盈余管理行为，进而导致预期信用损失模型运用之后，因向上盈余管理而少计提的贷款损失准备对其信贷风险承担行为的正向影响效应更强。

表 6-6　基于银行是否上市的分组检验结果

变量	非上市银行	上市银行
	(1)	(2)
Implement	−0.029	−0.008
	(−1.32)	(−0.64)
DLLP	−1.853	1.410
	(−1.54)	(1.27)
NDLLP	−10.839	7.413
	(−1.36)	(1.03)
Implement × DLLP	7.287***	−0.178
	(2.78)	(−0.09)
BLDKsize	3.391*	−3.068
	(1.75)	(−1.48)
Ctier1	−0.599	−0.050
	(−1.52)	(−0.08)
Loansize	−0.282*	−0.097
	(−1.68)	(−0.54)
Banksize	−0.022	−0.041
	(−0.46)	(−0.79)
ROA	5.168	11.028**
	(1.52)	(2.46)
JXC	−0.888	−1.753
	(−0.71)	(−1.38)
GDPgrowth	6.124	7.354**
	(1.62)	(2.04)
C	0.460	0.760
	(0.40)	(0.65)
年度	控制	控制
银行	控制	控制
N	230	139
Adj-R^2	0.905	0.909

注：*、**、*** 分别表示 10%、5%、1% 的统计显著水平；括号内数据为对应 t 值。

二、"非相机型"贷款损失准备计提对银行高风险行业信贷配置规模的影响

本章已证实，银行在运用预期信用损失模型之后，因向上盈余管理所少计提的贷款损失准备将显著提高银行对高风险行业的信贷配置规模，即预期信用损失模型运用下"相机型"贷款损失准备对高风险行业信贷配置规模具有显著正向影响。那么，与"相机型"贷款损失准备性质完全不同的"非相机型"贷款损失准备计提又将对高风险行业信贷配置规模产生怎样的影响呢？本章继续对此问题进行探讨。

银行所计提的"非相机型"贷款损失准备是根据已识别的信用风险所计提的，即银行应计提的贷款损失准备额。因此，该部分贷款损失准备包含了实际的信用风险信息，有助于银行报表使用者据此进行决策。尤其在预期信用损失模型运用下，其计提越多，表明银行已识别的未来信用风险越高，所传递的风险信息将更有助于抑制银行的信贷风险承担行为。同时，预期信用损失模型运用之后，"非相机型"贷款损失准备计提更充分，将对银行资本造成更大的冲击，进而导致资本充足率下降。较低的资本充足率水平也将对银行的风险承担行为产生约束效应。因此，总体而言，预期信用损失模型运用下"非相机型"贷款损失准备计提越多，银行对高风险行业的信贷配置规模可能越小。

为检验上述推测，本章创建以下模型进行回归分析：

$$
\begin{aligned}
\text{GFXHYloan}_{i,t} = {} & \lambda_0 + \lambda_1 \text{Implement}_{i,t} + \lambda_2 \text{NDLLP}_{i,t} + \lambda_3 \text{Implement}_{i,t} \times \\
& \text{NDLLP}_{i,t} + \lambda_4 \text{DLLP}_{i,t} + \lambda_5 \text{BLDKsize}_{i,t} + \lambda_6 \text{Ctier1}_{i,t} + \lambda_7 \text{Loansize}_{i,t} + \\
& \lambda_8 \text{Banksize}_{i,t} + \lambda_9 \text{ROA}_{i,t} + \lambda_{10} \text{JXC}_{i,t} + \lambda_{11} \text{GDPgrowth}_{i,t} + \sum \text{Year} + \\
& \sum \text{Bank} + \varepsilon_{i,t}
\end{aligned}
\tag{6-6}
$$

在模型（6-6）中，所有变量定义与前文一致。我们重点关注 Implement × NDLLP 的回归系数 λ_3。如果 λ_3 显著为负，那么说明预期信用损失模型运用下，银行"非相机型"贷款损失准备计提越多，其对高风险行业的信贷配置规模越小。

模型（6-6）的回归结果如表6-7所示。第（1）列为不引入相关控制变量的回归结果，第（2）列为引入相关控制变量的回归结果。我们发现，回归结果均一致表明，银行运用预期信用损失模型之后，"非相机型"贷款损失准备计提将显著抑制银行对高风险行业的信贷投入。这说明在预期信用损

模型运用下，反映银行真实信用风险信息的贷款损失准备计提将有效抑制银行的信贷风险承担行为。

表 6-7 "非相机型"贷款损失准备对银行高风险行业信贷配置规模的影响

变量	GFXHYloan	
	(1)	(2)
Implement	0.158*	0.162*
	(1.78)	(1.79)
NDLLP	1.692	−2.243
	(0.58)	(−0.39)
Implement × NDLLP	−13.340*	−14.224*
	(−1.84)	(−1.93)
DLLP		−0.818
		(−0.95)
BLDKsize		1.264
		(0.91)
Ctier1		−0.578*
		(−1.83)
Loansize		−0.244*
		(−1.96)
Banksize		−0.030
		(−0.88)
ROA		5.418**
		(2.05)
JXC		−0.814
		(−0.88)
GDPgrowth		5.667**
		(2.11)
C	0.556***	0.891
	(11.87)	(1.11)
年度	控制	控制
银行	控制	控制
N	431	369
Adj-R^2	0.917	0.921

注：*、**、*** 分别表示 10%、5%、1% 的统计显著水平；括号内数据为对应 t 值。

稳健性检验

一、内生性检验

控制组与实验组的选择应具有随机性是双重差分模型运用的重要前提（余明桂等，2019）。在本章研究中，部分实验组银行是上市银行，因为按照新 CAS22 规定，我国上市银行于 2018 年起开始分批实施预期信用损失模型。而对于上市银行而言，其综合实力总体较强，通常是试行各项会计制度变迁的首选对象。因此，本章对实验组与控制组的划分可能存在自选择的内生性问题。

为对上述问题进行检验，本章通过 PSM-DID 进行回归分析。首先，为每家运用预期信用损失模型的银行在未运用的银行中寻找相应配对银行，使其在运用预期信用损失模型上的概率相近。以新 CAS22 执行前一年（2017年）的观测值为基准，根据不良贷款规模（BLDKsize）、核心一级资本充足率（Ctier1）、贷款规模（Loansize）、资产回报率（ROA）、净息差（JXC）进行 1∶3 的最近邻匹配，得到与运用预期信用损失模型银行在运用该模型的概率上相匹配的银行。其次，再以上述匹配之后的样本重新对模型（6-1）和模型（6-2）进行回归，结果如表 6-8 所示。其中，第（1）列结果表明，样本经匹配之后，EBIT 对贷款损失准备计提（LLP）的回归系数仍然在 1% 水平下显著为正。说明研究期间内，我国商业银行在效益监管压力下通过贷款损失准备计提进行盈余平滑的行为确实存在，当银行盈余越低时，当期贷款损失准备计提越少。第（2）列结果表明，Implement×DLLP 的回归系数在 1% 水平下显著为正，与前文回归结果一致，说明当银行运用预期信用损失模型之后，因向上盈余管理而少计提的贷款损失准备越多，银行对高风险行业的信贷投入越多，银行进行的信贷风险承担行为更多。

表 6-8　内生性检验结果

变量	LLP	GFXHYloan
	(1)	(2)
EBIT	1.079*** (8.93)	

续表

变量	LLP	GFXHYloan
	(1)	(2)
Implement		−0.015
		(−1.12)
DLLP		−1.990*
		(−1.78)
Implement × DLLP		5.871***
		(3.13)
NPLchange_L	0.111*	
	(1.73)	
NPLchange	0.120*	
	(1.86)	
NDLLP		−3.987
		(−0.56)
BLDKsize		1.541
		(0.92)
Banksize		−0.024
		(−0.50)
ROA		4.957
		(1.53)
JXC		−1.346
		(−1.15)
Ctier1	−0.076***	−0.675*
	(−3.14)	(−1.69)
Loansize	−0.012*	−0.175
	(−1.77)	(−1.11)
GDPgrowth	−0.351***	7.625**
	(−3.59)	(2.17)
C	0.030***	0.317
	(3.47)	(0.27)
年度	控制	控制
银行	控制	控制
N	265	256
Adj−R^2	0.676	0.899

注：*、**、*** 分别表示 10%、5%、1% 的统计显著水平；括号内数据为对应 t 值。

二、重新度量被解释变量

在前文回归模型（6–1）中，被解释变量贷款损失准备计提通过银行当年计提的贷款损失准备除以贷款总额度量，在稳健性检验中重新按照当年贷款损失准备计提除以资产总额度量，用 LLP2 表示。对于前文回归模型（6–2），其被解释变量高风险行业信贷配置规模（GFXHYloan）按照制造业、批发和零售业贷款余额之和除以贷款总额衡量。在稳健性检验中，本章将不良贷款率最高的前三个行业，即制造业、批发和零售业、采矿业作为高风险行业，故用银行 i 在第 t 年的制造业、批发和零售业、采矿业贷款余额之和除以贷款总额来重新度量高风险行业信贷配置规模，用 GFXHYloan2 表示。

表 6–9 汇报了重新度量被解释变量后的回归结果。第（1）列结果显示，EBIT 对贷款损失准备计提（LLP2）的回归系数在 1% 水平下显著为正，说明我国商业银行在效益监管下存在通过贷款损失准备操纵进行的盈余平滑行为，与 H5 预测一致。第（2）列结果显示，Implement × DLLP 对高风险行业信贷配置规模（GFXHYloan2）的回归系数在 5% 水平下显著为正，说明在预期信用损失模型运用下，银行因向上盈余管理而少计提的贷款损失准备越多，其对高风险行业的信贷配置规模越大。因而表明在预期信用损失模型运用下，银行向上盈余管理的"相机型"贷款损失准备增加了其信贷风险承担行为，再次支持了 H6 的预测。

表 6–9　重新度量被解释变量

变量	LLP2	GFXHYloan2
	(1)	(2)
EBIT	0.524***	
	(12.72)	
Implement		−0.012
		(−1.03)
DLLP		−0.912
		(−1.03)
Implement × DLLP		4.102**
		(2.43)
NPLchange_L	0.058**	
	(2.39)	
NPLchange	0.080***	
	(3.26)	

续表

变量	LLP2	GFXHYloan2
	(1)	(2)
NDLLP		−5.227
		(−0.89)
BLDKsize		1.706
		(1.19)
Banksize		−0.035
		(−1.00)
ROA		5.439**
		(2.02)
JXC		−0.666
		(−0.71)
Ctier1	−0.028***	−0.553*
	(−3.15)	(−1.72)
Loansize	0.005**	−0.259**
	(1.97)	(−2.03)
GDPgrowth	−0.174***	5.940**
	(−4.72)	(2.14)
C	0.012***	1.004
	(3.48)	(1.23)
年度	控制	控制
银行	控制	控制
N	407	369
Adj–R^2	0.753	0.920

注：*、**、*** 分别表示 10%、5%、1% 的统计显著水平；括号内数据为对应 t 值。

三、重新度量贷款损失准备前税前盈余

在前文回归模型（6–1）中，对于解释变量 EBIT 通过资产总额平滑贷款损失准备前税前盈余进行度量；在稳健性检验中，本章再通过贷款总额平滑贷款损失准备前税前盈余，重新度量该变量，并用 EBIT2 表示。重新度量后的回归结果如表 6–10 第（1）列所示。结果表明，EBIT2 对贷款损失准备计提（LLP）的回归系数在 1% 水平下显著为正，说明贷款损失准备前税前盈余越低，银行贷款损失准备计提越少，银行存在显著的盈余平滑行为，与前文研究结论保持一致。

表 6-10　重新度量贷款损失准备前税前盈余及添加控制变量的检验

变量	LLP	LLP	GFXHYloan
	(1)	(2)	(3)
EBIT2	0.454***		
	(11.86)		
EBIT		1.208***	
		(11.77)	
Implement			−0.006
			(−0.49)
DLLP			−1.026
			(−1.18)
Implement × DLLP			4.253**
			(2.59)
NPLchange_L	0.084	0.121**	
	(1.53)	(2.07)	
NPLchange	0.161***	0.076	
	(2.86)	(1.09)	
BBFGL		−0.000	
		(−1.16)	
Security		0.001	
		(0.16)	
NDLLP			−5.459
			(−0.95)
BLDKsize			1.498
			(1.08)
Banksize			−0.021
			(−0.60)
ROA			4.689*
			(1.78)
JXC			−0.834
			(−0.90)
KHCKsize			−0.022
			(−0.08)

变量	LLP	LLP	GFXHYloan
	(1)	(2)	(3)
CDB			−0.116
			(−0.51)
Ratechange			−0.044**
			(−2.57)
Ctier1	−0.065***	−0.060***	−0.558*
	(−3.16)	(−2.76)	(−1.79)
Loansize	0.024***	−0.017**	−0.061
	(4.36)	(−2.24)	(−0.15)
GDPgrowth	−0.261***	−0.350***	2.052
	(−3.16)	(−3.59)	(0.97)
C	0.014*	0.035***	0.984
	(1.83)	(3.30)	(1.28)
年度	控制	控制	控制
银行	控制	控制	控制
N	407	393	369
Adj−R^2	0.706	0.713	0.922

注：*、**、*** 分别表示 10%、5%、1% 的统计显著水平；括号内数据为对应 t 值。

四、添加控制变量

在前文模型（6-1）中，除所引入控制变量外，Balboa 等（2013）还对证券化水平进行了控制，以衡量银行流动性水平和市场条件的风险暴露水平；申宇等（2020）又对拨备覆盖率进行了控制，以衡量当前拨备余额状况及银行对风险的抵御能力。为避免上述变量遗漏对研究有效性可能产生的影响，本章在稳健性检验中将上述变量加入模型（6-1）后重新进行回归。其中，证券化水平以 Security 表示，拨备覆盖率以 BBFGL 表示。

对于前文模型（6-2），在参考 Beatty 和 Liao（2011）、张姗姗等（2016）研究的基础上，本章加入了存贷比（CDB，即客户贷款／客户存款）、客户存款规模（KHCKsize，即客户存款／资产总额）和基准贷款利率变化（Ratechange），以分别控制银行存款与贷款相对比例、银行微观信贷供给和宏观信贷供给。

添加上述控制变量之后的回归结果如表6-10第（2）列和第（3）列所示。结果表明，EBIT对贷款损失准备计提（LLP）的回归系数仍然显著为正，同时，Implement×DLLP对高风险行业信贷配置规模（GFXHYloan）的回归系数也仍然显著为正。上述回归结果再次支持了H5和H6的预测。

本章小结

本章基于我国商业银行同时受会计准则监管与银行业效益监管的现实背景，在第四章的基础上，进一步探讨了商业银行在金融监管部门的效益监管约束下，贷款损失准备计提行为的改变以及因此对预期信用损失模型运用效果所产生的影响。

以2015~2019年我国商业银行数据为研究样本，通过实证检验发现三个结论：一是在银行效益监管压力下，我国商业银行存在通过贷款损失准备操纵进行的盈余平滑行为，表现为在盈余水平较低时，通过少计提贷款损失准备进行向上盈余管理。二是在银行存在向上盈余管理的情况下，其对预期信用损失模型运用的进一步影响表现为：在预期信用损失模型运用之后，银行因向上盈余管理而少计提的贷款损失准备越多，其对高风险行业的信贷配置规模越大。表明在预期信用损失模型运用下的"相机型"贷款损失准备对银行风险承担行为产生了显著的正向影响。同时，该效应在盈利能力较低的银行、城市商业银行和农村商业银行以及非上市银行中更明显。三是预期信用损失模型运用下，银行所计提的用于反映真实风险信息的"非相机型"贷款损失准备，起到了抑制银行风险承担行为的效应，即在预期信用损失模型运用下"非相机型"贷款损失准备计提越多，银行对高风险行业的信贷配置规模越小。上述结果说明了贷款损失准备会计信息质量对预期信用损失模型功能的发挥具有重要影响，同时也支持了第四章所分析的风险信息传递路径。

本章结论可能提供以下三个方面的政策启示：一是预期信用损失模型运用的经济后果会受到金融监管部门的效益监管影响。因此，相关部门在对预期信用损失模型实际运用效果的评估过程中应注意结合金融监管制度，全面、客观地进行评价与研究。二是较大的效益监管压力将导致银行利用贷款损失准备进行向上盈余管理，而该行为最终将影响预期信用损失模型防范风险的效用，导致银行信贷风险承担行为增加。因此，相关部门应对预期信用损失模型运用过程中银行的贷款损失准备向上盈余管理行为予以高度重视，采取措施对该行为进行有效监管，以确保预期信用损失模型在防范风险方面的作用得到有效发挥。同时，也应权衡金融监管中的效益监管在其中的重要影响。三是本章再次表明在预期信用损失模型运用下贷款损失准备信息质量的重要性，只有真实反映信用风险信息的那部分"非相机型"贷款损失准备，才能更有效地抑制银行信贷风险承担行为。因此，在预期信用损失模型运用过程中，监管部门应积极采取措施提高贷款损失准备的会计信息质量。例如，在预期信用损失模型运用过程中，应根据银行所遇到的实际问题，不断更新并发布详细的应用指南，以指导和帮助银行提高预期信用损失的计量质量，尤其注意在情景设置、变量预测和参数估计方面进行有效指导。在预期信用损失模型信息披露方面，应提高信息披露要求，尤其应注意统一信息披露标准，以提高信息可比性；同时应加大定量信息披露比重，以提高预期信用损失模型下贷款损失准备会计信息的透明度。

第七章

预期信用损失模型运用与
银行信贷顺周期性

第一节

引言

　　银行信贷过度顺周期可能引发信贷资源错配、系统性风险增加、经济周期加剧等问题（Berger and Udell，2004）。此次贷款损失准备计提模式变革是否能缓解信贷顺周期问题同样是各方关注的焦点。事实上，已发生损失模型下贷款减值准备计提太少、太迟而容易引发的信贷顺周期问题也是贷款损失准备计提模式变革的重要动因。换言之，预期信用损失模型的引入旨在通过提供更具前瞻性的贷款损失准备信息，解决已发生损失模型下贷款损失准备计提滞后性问题（Agenor and Zilberman，2015），进而缓解银行信贷供给的顺周期效应。那么预期信用损失模型的运用究竟是否能实现上述目标？这对于评价预期信用损失模型的实施效果和进一步完善具有重要现实意义。

　　但从目前研究来看，鲜有文献对该问题进行探讨。鉴于此，本章以我国商业银行分批实施预期信用损失模型的准自然实验为背景，利用2015~2019年商业银行数据，通过双重差分模型实证检验预期信用损失模型的运用对银行信贷顺周期的影响效应，也是在第四章至第六章的基础上，再从银行信贷顺周期的视角对预期信用损失模型的信贷风险承担效应进行研究。通过实证检验发现，我国商业银行预期信用损失模型的运用有助于减少银行的信贷顺周期效应。同时上述结论主要体现在流动性风险较高以及贷款损失准备盈余平滑行为较低的银行中。

　　本章可能的贡献有以下三个方面：一是目前鲜有文献通过实证研究方法探讨预期信用损失模型的运用究竟将如何影响银行信贷顺周期性。本章的实证研究有助于从信贷顺周期视角丰富预期信用损失模型运用所产生的经济后果的研究。二是在关于银行信贷周期性影响因素的研究中，与本章最相关的是贷款损失准备计提这一会计因素。但大部分文献主要针对已发生损失模型（Bikker and Metzemakers，2005；Bouvatier and Lepetit，2008；陈旭东等，2014）展开，而针对预期信用损失模型的实证研究非常有限。本章从预期信用损失模型运用的视角展开讨论，进一步拓展和补充了信贷顺周期影响因素的研究。三是本章结论为如何有效运用预期信用损失模型缓解银行信贷顺周期性提供了新的经验证据，同时也为如何有效运用该模型降低银行信贷风险、促进实体经济发展提供了政策启示。

　　本章其他部分安排如下：第二部分为理论分析与研究假设；第三部分为研究设计；第四部分为实证结果分析；第五部分为异质性研究；第六部分为稳健性检验。

第二节

理论分析与研究假设

　　在已发生损失模型下，只有当存在客观证据表明贷款已发生减值时，才能计提贷款损失准备，这将导致贷款减值准备计提不及时，出现贷款损失准备计提的顺周期效应，进一步的经济后果则是会造成银行信贷的顺周期性（Bikke and Metzemakers，2005；Bouvatier and Lepetit，2008；Financial Stability Forum，2009a；陈旭东等，2014）。这一连锁反应具体表现为：当经济处于下行期时，信贷质量恶化，银行计提较多贷款损失准备（Laeven and Majnoni，2003；Bikker and Metzemakers，2005；黄有为等，2017；郭沛廷，2017）；贷款损失准备的增加又导致银行收益减少，进而降低银行资本充足率，同时也向市场传递出银行不稳健的风险信号（Financial Stability Forum，2009a）。此时，为提高资本水平，出于保守决策，银行通常会收缩信贷资产（刘冲等，2017）。反之，当经济处于上行期时，信贷质量良好，贷款损失准备计提较少，传递出乐观信号，银行也具有较高盈利水平和资本水平。此时，银行倾向于扩大信贷投放。因此总体而言，已发生损失模型下计提贷款损失准备将呈现出如下顺周期现象：经济下行时——贷款损失准备计提较多——资本水平较低且传递出悲观风险信号——银行信贷收缩——经济下行加剧；经济上行时——贷款损失准备计提较少——资本水平较高且传递出乐观风险信号——银行信贷扩张——经济进一步膨胀。

　　而预期信用损失模型是与已发生损失模型相对立的一种减值准备计提模式，它强调通过利用前瞻性信息对未来信用风险进行及时评估和预测，进而提前计提充分足额的贷款损失准备以应对未来风险。由此可见，该模型下的贷款损失准备计提思路与已发生损失模型下的思路完全相反，集中体现在：即便经济处于上行期时，银行也需提前预测未来信贷风险，计提足额的贷款损失准备以防范经济萧条时可能出现的坏账损失。这将促使银行在经济繁荣时期收缩信贷，进而抑制经济过度膨胀，缓解信贷顺周期效应。上述作用过程可概括如下：预期信用损失模型的运用——经济处于上行期时及时计提充分的贷款损失准备——经济处于上行期时资本水平下降并传递未来风险信号——银行收缩信贷——经济扩张放缓——缓解信贷顺周期效应。基于上述分析，提出本章的基本假设 H7：

H7：银行运用预期信用损失模型之后，信贷供给的顺周期效应将显著减弱。

研究设计

一、研究期间和数据来源

根据新 CAS22 的要求，我国商业银行从 2018 年起开始分批采用预期信用损失模型，这为本章提供了良好的准自然实验环境，可通过双重差分模型对相关问题进行检验。考虑到预期信用损失模型运用效果的时效性及为更好地捕捉相关变量之间的因果关系，本章选择该模型实施前三年及实施当年和实施后第二年为研究年份，因此本章研究期间为 2015~2019 年。

本章所用 GDP 年增长率数据通过查阅国家统计局网站获得，商业银行财务数据来自 BankFocus 数据库。在此需说明的是，由于新 CAS22 除要求上市银行从 2018 年起分批实施预期信用损失模型外，还鼓励银行提前实施，因此可能存在部分银行提前实施预期信用损失模型的情况。为准确度量每家银行实施预期信用损失模型的实际时间，本章通过手工查阅 BankFocus 数据库所收录的商业银行年报，逐一确认并获取各银行预期信用损失模型实际运用的年份信息。剔除缺漏值后，最终获得 530 个银行年度观测值。为消除异常值影响，对所有连续变量在 1% 和 99% 分位数上进行 Winsorize 缩尾处理，所用统计软件为 Stata。

二、基本模型设定和主要变量定义

在借鉴 Leroy 和 Lucotte（2019）、Wheeler（2019）、肖虹和邹冉（2019）研究的基础上，设定以下基本模型用于检验 H7：

$$
\begin{aligned}
\text{Loangrowth}_{i,t} = {} & \alpha_0 + \alpha_1\text{Implement}_{i,t} + \alpha_2\text{GDPgrowth}_{i,t} + \\
& \alpha_3\text{Implement}_{i,t} \times \text{GDPgrowth}_{i,t} + \alpha_4\text{BLDKsize}_{i,t} + \alpha_5\text{BBFGL}_{i,t} + \\
& \alpha_6\text{Ctier1}_{i,t} + \alpha_7\text{Liquidity}_{i,t} + \alpha_8\text{Loansize}_{i,t} + \alpha_9\text{Banksize}_{i,t} + \\
& \alpha_{10}\text{ROE}_{i,t} + \alpha_{11}\text{JXC}_{i,t} + \sum \text{Year} + \sum \text{Bank} + \varepsilon_{i,t}
\end{aligned}
\tag{7-1}
$$

在模型（7-1）中，被解释变量 Loangrowth 为银行贷款增长率，用于衡量银行信贷供给水平（Leroy and Lucotte，2019；Wheeler，2019；肖虹和邹冉，2019）。解释变量为 GDPgrowth 和 Implement×GDPgrowth。其中，GDPgrowth 为国内生产总值年增长率，用以衡量宏观经济运行状况（Balboa et al.，2013；Hamadi et al.，2016；Curcio et al.，2017；Andries et al.，2017）。Implement 为预期信用损失模型实施变量。由于各银行实施时间并不统一，借鉴白俊等（2018）、许和连和王海成（2018）、于李胜等（2019）、Ali 等（2019）研究，按照以下方法给 Implement 赋值，以实现双重差分效果：在银行运用预期信用损失模型当年及之后年份，Implement 赋值为 1，否则为 0；如果银行一直没有运用预期信用损失模型，Implement 各年均为 0。

此外，在参考前期研究的基础上（肖虹和邹冉，2019；Wheeler，2019；Bhat et al.，2019），在模型（7-1）中还控制了一系列其他变量，包括不良贷款规模（BLDKsize）、拨备覆盖率（BBFGL）、核心一级资本充足率（Ctier1）、流动比率（Liquidity）、贷款规模（Loansize）、银行规模（Banksize）、股东权益回报率（ROE）及净息差（JXC）。同时控制了年度固定效应和银行个体效应，以测度难以观测的时间效应和银行个体特征。以上变量定义和度量方法如表 7-1 所示。

表 7-1　主要研究变量定义

变量名称	变量符号	变量定义
贷款增长率	Loangrowth	（第 t 期贷款总额 – 第 t-1 期贷款总额）×100 / 第 t-1 期贷款总额
是否实施预期信用损失模型	Implement	研究期间内，银行运用预期信用损失模型当年及以后年份，取值为 1；否则取值为 0
GDP 增长率	GDPgrowth	国内生产总值年增长率 ×100
不良贷款规模	BLDKsize	不良贷款余额 ×100 / 平均风险加权资产
拨备覆盖率	BBFGL	贷款损失准备余额 ×100 / 不良贷款额
核心一级资本充足率	Ctier1	核心一级资本净额 ×100 / 风险加权资产
流动比率	Liquidity	流动资产 ×100 / 存款和短期资金
贷款规模	Loansize	贷款余额 ×100 / 资产总额
银行规模	Banksize	资产总额的自然对数
股东权益回报率	ROE	净利润 ×100 / 股东权益
净息差	JXC	（利息收入 – 利息支出）×100 / 生息资产
年度	Year	哑变量，代表研究期间各年度其他因素影响
银行个体	Bank	哑变量，代表研究期间各个体其他因素影响

本章重点关注 GDPgrowth 和 Implement × GDPgrowth 的回归系数。如果 GDPgrowth 的回归系数 α_2 显著为正，说明在未运用预期信用损失模型的情况下，银行信贷增长随宏观经济运行正向变化：当宏观经济越景气时，银行信贷增长越快，信贷供给增加，存在信贷扩张行为；当宏观经济越萧条时，银行信贷增长越慢，存在信贷收缩行为，因而表现出银行信贷供给行为的显著顺周期效应。如果 Implement × GDPgrowth 的回归系数 α_3 同时显著为正，说明相对于未运用预期信用损失模型的银行，运用预期信用损失模型的银行在实施该模型之后，信贷供给的顺周期效应显著加剧；反之，如果 Implement × GDPgrowth 的回归系数 α_3 显著为负，那么说明相对于未运用预期信用损失模型的银行，运用预期信用损失模型的银行在实施该模型之后，信贷供给的顺周期效应显著减弱，这表明预期信用损失模型有助于减少银行信贷顺周期效应，此时 H7 得证。

第四节

实证结果分析

一、变量描述性统计结果

表 7-2 汇报了主要变量描述性统计结果。其中，银行贷款年增长率（Loangrowth）均值为 17.919，说明平均而言，样本银行年信贷投放较上一年增长 17.919%。而 Loangrowth 的最小值为 –1.802，说明最小值银行存在信贷收缩现象；Loangrowth 的最大值为 97.018，说明最大值银行信贷增长较快，增长率接近 100%。变量是否实施预期信用损失模型（Implement）的均值为 0.134，说明约有 13.4% 的样本银行运用了预期信用损失模型。GDPgrowth 的均值为 6.686，说明在 2015~2019 年，我国 GDP 年增长率平均为 6.686%。而 GDPgrowth 最小值为 6.110、最大值为 7.000，说明研究期间宏观经济运行存在一定差异，这有利于检验宏观经济形势对银行信贷投放行为的影响。其他控制变量描述性统计特征与前期研究均相符。

表 7-2　主要变量描述性统计结果

变量	均值	标准差	最小值	中位数	最大值	样本量
Loangrowth	17.919	11.988	–1.802	15.612	97.018	530
Implement	0.134	0.341	0	0	1	530

续表

变量	均值	标准差	最小值	中位数	最大值	样本量
GDPgrowth	6.686	0.313	6.110	6.800	7.000	530
BLDKsize	1.296	0.630	0.148	1.211	4.009	530
BBFGL	228.973	105.841	75.556	194.39	743.931	530
Ctier1	10.784	2.037	7.750	10.355	18.560	530
Liquidity	27.179	11.442	8.127	25.163	68.964	530
Loansize	44.993	8.684	17.909	45.567	63.145	530
Banksize	19.443	1.555	16.338	19.095	23.770	530
ROE	11.523	4.310	0.862	11.413	27.392	530
JXC	2.318	0.802	0.252	2.314	5.571	530

二、基本回归结果

H7 认为，银行采用预期信用损失模型之后，信贷顺周期性会显著减弱。本章通过模型（7-1）对此进行检验，回归结果如表 7-3 所示。其中，GDPgrowth 的回归系数在 1% 水平下显著为正，说明预期信用损失模型未采用时，银行信贷增长随宏观经济运行正向变化，经济越繁荣，信贷增长越快，此时银行信贷供给存在显著顺周期效应。但与此同时，Implement × GDPgrowth 的回归系数在 5% 水平下显著为负，说明相对于未运用预期信用损失模型的银行，运用该模型的银行在运用之后，其信贷供给的顺周期效应得到显著抑制，实证结果支持了 H7 的预测。以上结果表明，预期信用损失模型在我国商业银行中确实发挥了缓解银行信贷顺周期的作用。

表 7-3　预期信用损失模型对信贷顺周期的影响效应

变量	回归系数	t 值
	(1)	(2)
Implement	69.828**	2.15
GDPgrowth	14.541***	3.64
Implement × GDPgrowth	−11.307**	−2.20
BLDKsize	0.104	0.08
BBFGL	0.006	0.77
Ctier1	0.655	1.42
Liquidity	−0.126**	−2.01

续表

变量	回归系数	t 值
	(1)	(2)
Loansize	0.293**	2.01
Banksize	22.279***	4.04
ROE	0.025	0.11
JXC	−2.136*	−1.73
C	−507.520***	−3.98
年度	控制	
银行	控制	
N	530	
Adj–R^2	0.531	

注：*、**、*** 分别表示 10%、5%、1% 的统计显著水平。

第五节

异质性研究

一、基于流动性风险监管的研究

  流动性风险监管是来自金融监管部门的一项制度安排，旨在防范银行因不能及时获取资金而难以偿还到期债务或无法获取资金满足正常经营业务的风险。2018 年以来，我国原银保监会实施的《商业银行流动性风险管理办法》，对银行各项流动性风险监管指标提出了最低监管要求。如果银行存在流动性风险管理缺陷，监管部门可能采取整改、压力测试、加大现场检查力度等惩罚措施。因此，银行会面临不同程度的流动性风险监管压力。而银行信贷发放会对流动性水平产生影响，尤其当贷款出现坏账时，会对银行流动性产生较大冲击。当银行面临流动性风险监管压力时，通常会考虑流动性风险而进行信贷投放决策，流动性水平因此成为影响银行信贷行为的一项重要因素（Ivashina and Scharfstein，2010；Cornett et al.，2011；Kim and Sohn，2017）。

  对于流动性风险较高的银行而言，其及时获取资金偿还债务的能力较弱，面临较大流动性风险监管压力。为了保证并提高资金流动性，这类银行在信贷投放上会更加谨慎，对贷款项目的未来信贷风险会更加敏感，更可能放弃信用风险较高的信贷项目，以避免未来因贷款无法收回而导致流动性风险进一步加剧。在预期信用损失模型下，银行会及时计提贷款损失准备，即便在经济繁荣时期，也会在充分评估未来信贷风险基础上计提大量贷款损失准备。此时，流动性风险较高的银行对于大量贷款损失准备所传递出的高信用风险信号将反应更加强烈，贷款收缩程度更加明显，因此容易导致预期信用损失模型的运用削弱信贷顺周期的效应更加明显。

为对上述推测进行检验，本章按照银行流动比率均值将银行进行分组：当流动比率小于均值时，为流动性风险高组，此时银行将面临较大的流动性风险监管压力；反之，当流动比率大于或等于均值时，为流动性风险低组，此时银行流动性风险监管压力较小。按上述方法分组后对模型（7-1）的回归结果如表7-4所示。

表7-4　流动性风险监管压力的异质性影响

变量	流动性风险高组	流动性风险低组
	(1)	(2)
Implement	61.004	86.972
	(1.62)	(1.13)
GDPgrowth	12.850**	17.415***
	(2.44)	(2.80)
Implement × GDPgrowth	−10.252*	−13.138
	(−1.73)	(−1.05)
BLDKsize	1.848	−0.867
	(0.91)	(−0.43)
BBFGL	0.000	0.030**
	(0.01)	(2.28)
Ctier1	1.929***	−0.661
	(2.77)	(−1.02)
Liquidity	−0.048	−0.131
	(−0.56)	(−1.17)
Loansize	0.344	0.134
	(1.59)	(0.65)
Banksize	24.055***	21.444**
	(3.22)	(2.54)
ROE	0.451	−0.850**
	(1.41)	(−2.36)

变量	流动性风险高组	流动性风险低组
	(1)	(2)
JXC	−4.123**	0.330
	(−2.34)	(0.18)
C	−566.263***	−491.524**
	(−3.11)	(−2.52)
年度	控制	控制
银行	控制	控制
N	301	219
Adj–R^2	0.428	0.626

注：*、**、*** 分别表示 10%、5%、1% 的统计显著水平；括号内数据为对应 t 值。

结果显示，GDPgrowth 回归系数在流动性风险较高和较低的银行中均显著为正，说明未运用预期信用损失模型时，所有银行信贷供给都具有显著顺周期效应。但是，Implement × GDPgrowth 回归系数在流动性风险较高的银行中显著为负，而在流动性风险较低的银行中不显著，说明当银行流动性风险较高时，预期信用损失模型的运用削弱信贷顺周期性的效应会显著发挥，这与前文推测一致。由此可见，我国商业银行流动性风险监管与预期信用损失模型在减弱信贷顺周期性上产生了一定的协同效应。

二、基于贷款损失准备盈余平滑行为的研究

会计信息具有决策有用性，银行监管者和其他利益相关者依赖于可观察的财务信息进行决策，在此其中，会计信息质量至关重要（Bushman，2014）。预期信用损失模型从制度设计上有利于促进贷款损失准备计提及时性，提高其风险信息含量，进而有助于报表使用者决策。但正如本书第六章分析所指出的，银行在效益监管压力下可能存在显著的贷款损失准备盈余平滑行为，而该行为的发生将影响贷款损失准备所包含的信息质量。因此，当银行运用预期信用损失模型时，如果存在贷款损失准备盈余平滑行为，将导致贷款损失准备所传递的未来风险信息存在"噪音"，会计信息质量下降，进而影响报表使用者决策。例如，对于银行市场约束力量而言，由于盈余平滑减弱了收益波动性，会降低它们对银行风险的感知能力（Greenawalt and Sinkey，1988），削弱其对银行信贷行为的监督和约束（段军山等，2011）。

Bushman and Williams（2012）研究发现，前瞻型导向的贷款损失准备如果存在盈余平滑行为，将降低银行会计信息透明度，进而影响监管机构和外部市场力量对银行风险承担行为的监督。

因此，如果在运用预期信用损失模型时，银行存在较强的贷款损失准备盈余平滑行为，那么贷款损失准备所含的会计信息中将存在一定"噪音"，可能影响银行及外部报表使用者的信贷决策。此时，贷款损失准备的提前预警功能可能无法有效发挥，不能准确传递未来信贷风险信号，导致监管层和市场约束力量无法对信贷扩张行为进行有效监督，预期信用损失模型的运用对银行信贷顺周期的削弱效应可能降低。相反，只有当盈余平滑行为较弱时，贷款损失准备中才能包含较"干净"的会计信息，进而帮助报表使用者决策，并促使市场约束力量对信贷过度扩张行为进行有效监督。此时，预期信用损失模型的运用对信贷顺周期的削弱效应才可能更明显地发挥。为验证上述推测，本章同样通过分组回归进行检验。

首先，参照 Bouvatier 和 Lepetit（2008）的做法，通过以下方式衡量贷款损失准备盈余平滑程度：第一步，先对模型（7–2），即贷款损失准备决定因素模型进行回归。第二步，根据模型回归结果，用 $\beta_1' \times \text{EBIT}$ 计算得到各银行在第 t 年计提的由贷款损失准备前税前盈余所决定的那部分贷款损失准备，如模型（7–3）所示。这一步计算出来的贷款损失准备计提额则表示与银行盈余相关且可用于盈余平滑的那部分操纵性贷款损失准备，称为"用于盈余平滑的贷款损失准备"，以 ESLLP 表示。该指标用于衡量贷款损失准备盈余平滑程度。

$$
\begin{aligned}
\text{LLP}_{i,t} = {} & \beta_0 + \beta_1\text{EBIT}_{i,t} + \beta_2\text{BLDKsize}_{i,t} + \beta_3\text{JXZL}_{i,t} + \beta_4\text{Cap}_{i,t} + \\
& \beta_5\text{Loansize}_{i,t} + \beta_6\text{Banksize}_{i,t} + \beta_7\text{SXF}_{i,t} + \beta_8\text{GDPgrowth}_{i,t} + \\
& \sum\text{Year} + \sum\text{Bank} + \varepsilon_{i,t}
\end{aligned}
\tag{7–2}
$$

$$
\text{ESLLP}_{i,t} = \beta_1'\text{EBIT}_{i,t}
\tag{7–3}
$$

其次，本章按照 ESLLP 均值进行分组：当 ESLLP 小于均值时，表示该银行用于盈余平滑的贷款损失准备计提较少，为贷款损失准备盈余平滑低组；当 ESLLP 大于或等于均值时，表示其用于盈余平滑的贷款损失准备计提较多，为贷款损失准备盈余平滑高组。

表 7–5 汇报了按照上述方式分组之后对模型（7–1）的回归结果。我们发现，GDPgrowth 的回归系数在两组银行中均显著为正，说明未采用预期信用损失模型时，无论是贷款损失准备盈余平滑较低的银行还是较高的银行，都存在显著的信贷顺周期问题。但 Implement × GDPgrowth 的回归系数仅在

贷款损失准备盈余平滑较低的银行中显著为负，而在贷款损失准备盈余平滑较高的银行中不显著，说明银行运用预期信用损失模型之后，只有进行较少贷款损失准备盈余平滑行为的银行，其信贷顺周期效应才得到显著缓解，与前文预测一致。这表明银行贷款损失准备盈余平滑行为可能会导致预期信用损失模型缓解信贷顺周期的效应无法有效发挥。因此，只有减少银行贷款损失准备盈余平滑行为，保证其会计信息质量，才可能有效实现预期信用损失模型缓解信贷顺周期的预期目标。

表7-5 贷款损失准备盈余平滑行为的异质性影响

变量	贷款损失准备盈余平滑低组	贷款损失准备盈余平滑高组
	(1)	(2)
Implement	139.731**	12.524
	(2.21)	(0.36)
GDPgrowth	11.961*	17.629***
	(1.74)	(3.54)
Implement × GDPgrowth	−22.157**	−2.311
	(−2.19)	(−0.42)
BLDKsize	0.498	0.763
	(0.25)	(0.39)
BBFGL	0.002	0.021
	(0.20)	(1.64)
Ctier1	−1.510*	1.965***
	(−1.85)	(3.72)
Liquidity	−0.159*	−0.112
	(−1.67)	(−1.35)
Loansize	0.176	0.550***
	(0.79)	(2.90)
Banksize	10.859	29.538***
	(1.11)	(4.51)
ROE	−0.255	0.226
	(−0.59)	(0.85)
JXC	0.778	−3.379**
	(0.37)	(−2.30)
C	−255.601	−691.924***
	(−1.07)	(−4.51)
年度	控制	控制

变量	贷款损失准备盈余平滑低组	贷款损失准备盈余平滑高组
	(1)	(2)
银行	控制	控制
N	255	265
Adj–R^2	0.457	0.629

注：*、**、*** 分别表示 10%、5%、1% 的统计显著水平；括号内数据为对应 t 值。

第六节

稳健性检验

一、内生性检验——安慰剂测试

本章将贷款损失准备计提模式变革作为一次外生冲击事件，通过双重差分模型检验了其对银行信贷顺周期的影响。这里需要注意的一个问题是，前文得到的结果可能并不是贷款损失准备计提模型变革所致，而是由于运用预期信用损失模型银行与未运用银行之间在主要变量上本身存在差异所导致。为排除这一担忧，本章通过安慰剂测试进行分析。

具体而言，假设 2016 年为贷款损失准备计提模型变革事件冲击年份，并设定虚拟的预期信用损失模型运用变量 Implement2016，其具体赋值方法为：对于实际有运用预期信用损失模型的银行，2016 年及以后年份的 Implement2016 取值为 1，2015 年取值为 0；对于实际未运用预期信用损失模型的银行，所有年份的 Implement2016 均取值为 0。同理，假设 2017 年也为贷款损失准备计提模型变革事件冲击年份，并设定虚拟的预期信用损失模型运用变量 Implement 2017，其赋值方法类似：对于实际有运用预期信用损失模型的银行，2017 年及以后年份的 Implement2017 取值为 1，2015~2016 年的取值为 0；对于实际未运用预期信用损失模型的银行，其所有年份 Implement2017 均取值为 0。

安慰剂测试结果如表 7–6 第（1）列和第（2）列所示。结果表明，对于虚拟的政策冲击年份，无论是 2016 年还是 2017 年，其与 GDPgrowth 的交乘项 Implement2016 × GDPgrowth 和 Implement2017 × GDPgrowth 回归系数均不显著，说明本章基本结果并不是实验组银行与对照组银行之间原本存在的某些差异所致，进一步证明了预期信用损失模型运用与银行信贷顺周期之间的因果关系。

表 7-6　内生性检验结果

变量	安慰剂测试		PSM–DID
	(1)	(2)	(3)
GDPgrowth	15.937***	14.988***	11.502***
	(3.79)	(3.65)	(2.71)
Implement2016	4.909		
	(0.26)		
Implement2016 × GDPgrowth	−0.463		
	(−0.16)		
Implement2017		5.857	
		(0.30)	
Implement2017 × GDPgrowth		−0.833	
		(−0.28)	
Implement			64.897*
			(1.95)
Implement × GDPgrowth			−10.350**
			(−1.97)
BLDKsize	0.181	0.143	−1.490
	(0.13)	(0.10)	(−0.99)
BBFGL	0.006	0.006	−0.000
	(0.74)	(0.76)	(−0.00)
Ctier1	0.669	0.685	0.883*
	(1.44)	(1.47)	(1.67)
Liquidity	−0.132**	−0.126**	−0.085
	(−2.08)	(−1.99)	(−1.26)
Loansize	0.286*	0.283*	0.336**
	(1.95)	(1.93)	(2.06)
Banksize	23.488***	23.360***	16.920***
	(4.25)	(4.22)	(2.92)
ROE	0.054	0.043	0.323
	(0.23)	(0.18)	(1.31)
JXC	−2.188*	−2.031	−3.394**
	(−1.74)	(−1.62)	(−2.46)

续表

变量	安慰剂测试		PSM–DID
	(1)	(2)	(3)
C	−539.501***	−530.579***	−390.748***
	(−4.21)	(−4.14)	(−2.93)
年度	控制	控制	控制
银行	控制	控制	控制
N	530	530	392
Adj–R^2	0.525	0.524	0.552

注：*、**、*** 分别表示 10%、5%、1% 的统计显著水平；括号内数据为对应 t 值。

二、内生性检验——PSM–DID

新 CAS22 要求上市银行首先应于 2018 年起分批采用预期信用损失模型，因此商业银行对预期信用损失模型的运用可能存在一定自选择问题。为处理该内生性问题，本章通过 PSM–DID 方法进行检验，具体做法如下：以新 CAS22 执行前（2017 年）的观测值为样本，按照不良贷款规模（BLDKsize）、核心一级资本充足率（Ctier1）、流动比率（Liquidity）、贷款规模（Loansize）、净息差（JXC）等进行 1∶3 的最近邻匹配，得到与运用预期信用损失模型银行相配对的未运用的商业银行。

经匹配后的样本对模型（7–1）的回归结果如表 7–6 第（3）列所示。可以看到，GDPgrowth 的回归系数在 1% 水平仍然显著为正，且 Implement × GDPgrowth 的回归系数在 5% 水平仍然显著为负。说明在控制自选择问题后，前文结论仍然成立。实证结果一致表明预期信用损失模型运用有助于缓解银行信贷顺周期问题。

三、重新度量被解释变量

在前文基本回归中，用银行贷款总额增长率来衡量信贷供给水平；在稳健性检验中，再通过银行贷款净额（贷款总额 – 贷款损失准备余额）增长率重新度量被解释变量，用 Loangrowth2 表示。对模型（7–1）的回归结果如表 7–7 第（1）列所示。从表中可见，回归结果与前文保持一致，说明预期信用损失模型运用对银行信贷顺周期具有显著抑制效应。

表 7-7　重新度量被解释变量和添加控制变量的稳健性检验

变量	重新度量被解释变量（Loangrowth2）	添加控制变量（Loangrowth）
	(1)	(2)
Implement	71.252**	69.739**
	(2.19)	(2.13)
GDPgrowth	14.116***	12.489***
	(3.53)	(4.00)
Implement × GDPgrowth	−11.584**	−11.296**
	(−2.25)	(−2.18)
BLDKsize	−0.210	0.242
	(−0.15)	(0.17)
BBFGL	0.005	0.007
	(0.60)	(0.87)
Ctier1	0.764*	0.615
	(1.65)	(1.32)
Liquidity	−0.124**	−0.121*
	(−1.98)	(−1.92)
Loansize	0.289**	0.648
	(1.98)	(1.13)
Banksize	22.735***	21.433***
	(4.11)	(3.79)
ROE	0.054	0.031
	(0.23)	(0.13)
JXC	−2.220*	−2.093*
	(−1.80)	(−1.67)
CDB		−0.207
		(−0.61)
KHCKsize		−0.284
		(−0.76)
Ratechange		−1.498
		(−0.59)
C	−513.411***	−461.590***
	(−4.02)	(−3.69)
年度	控制	控制
银行	控制	控制

续表

变量	重新度量被解释变量 （Loangrowth2）	添加控制变量 （Loangrowth）
	(1)	(2)
N	530	530
Adj–R^2	0.532	0.529

注：*、**、*** 分别表示 10%、5%、1% 的统计显著水平；括号内数据为对应 t 值。

四、添加控制变量

借鉴 Beatty 和 Liao（2011）、张姗姗等（2016）的研究，在模型（7–1）的基础上加入了存贷比（CDB，即客户贷款 ×100/ 客户存款）、客户存款规模（KHCKsize，即客户存款 ×100/ 资产总额）以及基准贷款利率变化（Ratechange）重新进行回归。表 7–7 第（2）列回归结果显示，GDPgrowth 的回归系数显著为正，而 Implement × GDPgrowth 的回归系数仍然显著为负，与前文结果保持一致。

本章小结

银行信贷供给的顺周期性容易引发银行系统性风险以及对实体经济的外溢风险。贷款损失准备计提模式中引入预期信用损失模型正是为缓解已发生损失模型下贷款损失准备计提所导致的信贷顺周期问题。基于此，本章实证检验了预期信用损失模型在缓解银行信贷顺周期方面的实际运用效果。

以 2015~2019 年我国商业银行数据为样本，通过双重差分模型检验发现，银行运用预期信用损失模型能够显著降低信贷供给的顺周期效应。异质性分析发现，在流动性风险不同的银行中，运用预期信用损失模型缓解信贷顺周期的效应仅在流动性风险较高的银行中显著；对于贷款损失准备盈余平滑程度不同的银行，运用预期信用损失模型降低信贷顺周期性的效应仅在贷款损失准备盈余平滑行为较低的银行中显著。

本章结论可能提供以下两个政策启示：一是预期信用损失模型在我国银行业中产生了积极效应，能够显著缓解银行信贷顺周期问题。二是在发挥预期信用损失模型上述功能的过程中，应关注流动性风险监管和贷款损失准备信息质量的影响。一方面，预期信用损失模型降低信贷顺周期性的效应主要体现在流动性风险监管压力较高的银行中，说明这类银行对预期信用损失模型运用的反应更加强烈，也在一定程度上说明流动性风险监管与预期信用损失模型在缓解信贷顺周期问题上产生了协同效应。因此，监管部门在推行预期信用损失模型时应注意流动性风险监管与贷款损失准备计提模式变革的协调性。另一方面，贷款损失准备的会计信息质量也会影响预期信用损失模型缓解信贷顺周期效应的发挥，只有当贷款损失准备盈余平滑行为较低时该效应才显著体现。因此，在预期信用损失模型运用过程中，相关监管部门还应注意对贷款损失准备会计信息质量进行有效监督，减少银行通过贷款损失准备进行的盈余平滑行为。尤其当银行面临效益监管压力时，其盈余平滑行为更可能发生，此时监管部门更应采取有效措施加强监督，通过提高贷款损失准备会计信息质量以确保预期信用损失模型缓解信贷顺周期的功能能够有效发挥。

第八章

研究结论、局限性与
未来研究方向

研究结论

本书以我国商业银行为研究对象，考察了预期信用损失模型运用对银行信贷风险承担行为的影响效应，并在此基础上进一步研究了相关金融监管因素对此产生的影响。其中，银行信贷风险承担效应包括行业信贷配置和信贷顺周期两个研究视角。

具体而言，本书第四章至第六章基于行业信贷配置视角展开了讨论。首先，本书探讨了银行运用预期信用损失模型之后，将通过贷款损失准备计提对高风险行业信贷配置规模产生怎样的影响；其次，在此基础上，进一步研究了相关金融监管因素对上述效应产生的影响，包括资本充足率监管、信用风险监管、流动性风险监管以及银行业效益监管。本书第七章从信贷顺周期视角考察了预期信用损失模型的信贷风险承担效应。利用 2015~2019 年我国商业银行数据，并以预期信用损失模型在我国商业银行中分批实施的准自然实验为背景，本书通过双重差分模型对上述问题进行实证检验后，得出以下四个研究结论：

第一，本书探讨了预期信用损失模型运用之后，该模型下的贷款损失准备计提是否会影响银行的高风险行业信贷配置规模，以及会产生怎样的影响。通过研究发现，银行运用预期信用损失模型之后，贷款损失准备计提越多，其对高风险行业的信贷配置规模越低，且该效应在预期信用损失模型运用的当年以及之后第二年均显著存在。该结果表明，预期信用损失模型运用下的贷款损失准备计提显著抑制了银行信贷风险承担行为，在行业信贷配置上表现为减少了高风险行业的信贷配置规模，且该效应具有一定持续性。因此，预期信用损失模型在银行风险防范方面起到了一定的积极作用。同时，本书通过作用路径分析表明，预期信用损失模型运用对高风险行业信贷配置规模的抑制效应可能来自两条路径：一是预期信用损失模型运用下，银行因大幅度计提贷款损失准备导致的资本充足率下降，可能约束了银行的信贷风险承担行为，表现为减少了对高风险行业的信贷投入；二是预期信用损失模型运用下，贷款损失准备计提及时性的提高可能加强了风险信息传递的有效性，进而抑制了银行风险承担行为，表现为降低了对高风险行业的信贷配置规模。此外，进一步研究还表明，随着银行高风险行业信贷配置规模的下降，银行整体风险水平也降低，但银行利润效率未受到显著影响。

第二，本书研究了银行业风险监管对上述效应的进一步影响，以考察相关金融监管制度与预期信用损失模型效用的发挥是否具有协调性。通过实证检验发现，当银行资本充足率较低或信用风险较大时，预期信用损失模型运用下银行贷款损失准备计提对高风险行业信贷配置规模的抑制效应更明显，且在信用风险较大的银行组中，农村商业银行的表现更为明显。而在具有不同流动性风险的银行中，预期信用损失模型下贷款损失准备计提对高风险行业信贷配置规模的抑制效应均显著，不存在显著差异。因此，上述结果表明，在抑制银行风险承担行为方面，现行资本充足率监管制度和信用风险监管制度与预期信用损失模型具有一定的协同效应，而流动性风险监管制度未产生显著影响。同时，资本充足率监管的异质性检验结果也表明，前文所分析的资本充足率下降产生的信贷约束路径确实发挥了作用。

第三，本书研究了在银行业效益监管约束下，商业银行是否存在贷款损失准备盈余平滑行为，以及该行为最终将如何影响预期信用损失模型对高风险行业信贷配置规模的影响。结果表明，在效益监管约束下，我国商业银行存在显著的贷款损失准备盈余平滑行为，当盈余水平较低时，越倾向于少计提贷款损失准备。该行为的进一步影响则是：当预期信用损失模型运用之后，银行因向上盈余管理而少计提的贷款损失准备越多，其对高风险行业的信贷配置规模就越高，且该效应在盈利能力较低的银行、城市商业银行和农村商业银行以及非上市银行中更明显。由此表明，预期信用损失模型运用下，银行因向上盈余管理而少计提的贷款损失准备将增加银行信贷风险承担行为，在盈利能力较低的银行、城市商业银行和农村商业银行以及非上市银行中更明显。同时，盈利水平不同的银行中出现的该异质性效应，也表明银行效益监管压力的影响确实存在。进一步研究还发现，预期信用损失模型下能够真实反映银行信用风险的"非相机型"贷款损失准备计提越多，银行对高风险行业的信贷配置规模越低。因此表明，在预期信用损失模型运用过程中，"非相机型"贷款损失准备计提真正发挥了抑制银行风险承担行为的效应，贷款损失准备的会计信息质量对预期信用损失模型功能的发挥至关重要。同时，上述结论也印证了前文所分析的风险信息传递路径确实存在。

第四，本书研究了预期信用损失模型的运用对银行信贷顺周期的影响。研究发现，银行运用预期信用损失模型显著缓解了信贷顺周期效应。同时，按照银行流动性风险和贷款损失准备盈余平滑程度分组之后，上述效应主要体现在流动性风险较高及贷款损失准备盈余平滑行为较低的银行中。由此表明，预期信用损失模型在缓解信贷顺周期方面也产生了积极效应，同时银行流动性风险监管与之产生了一定协同效应。但贷款损失准备盈余平滑行为却可能影响预期信用损失模型抑制信贷顺周期效应的发挥。

总体而言，我国商业银行在运用预期信用损失模型之后，通过贷款损失准备计提能显著抑制其信贷风险承担行为，减少了对高风险行业的信贷投入，抑制了信贷的顺周期性。因此，预期信用损失模型在防范信贷风险方面起到了一定的积极效应。同时，来自金融监管部门的资本充足率监管制度和信用风险监管制度也对预期信用损失模型积极效应的发挥具有一定协同互补作用。但值得注意的是，预期信用损失模型在风险防范方面的作用很大程度上依赖于贷款损失准备信息质量的高低。如果银行存在大量向上盈余管理行为而导致贷款损失准备计提大幅减少，则可能影响预期信用损失模型风险防范功能的发挥。由于银行业效益监管可能导致银行管理层进行贷款损失准备盈余平滑行为，因此，在预期信用损失模型运用过程中，监管机构尤其应当注意该监管制度下银行贷款损失准备计提行为可能受到的影响，并关注该行为的改变可能对预期信用损失模型运用效果产生的进一步影响。

此外，虽然从风险防范视角来看，预期信用损失模型的运用有助于降低高风险行业的信贷投入，减少银行信贷风险承担行为，但从支持实体经济发展的视角来看，该模型的运用可能会影响银行支持实体经济的力度。本书所探讨的高风险行业包括制造业、批发和零售业，这两个行业正是实体经济的重要组成部分，银行对这两个行业信贷配置规模的减少意味着其支持实体经济的力度可能有所下降。因此，在预期信用损失模型运用的过程中，银行和相关部门还需平衡防范风险和支持实体经济发展的双重目标之间的关系。

第二节

局限性与未来研究方向

由于篇幅所限，本书还存在一定局限性，后期研究可在以下两个方面进行拓展：

第一，研究视角的拓展。本书主要从行业信贷配置和信贷顺周期视角探讨了预期信用损失模型的信贷风险承担效应；在研究行业信贷配置过程中的风险承担行为时，也主要聚焦于高风险行业，并重点从贷款损失准备计提视角分析预期信用损失模型的作用机理及相应经济后果。但预期信用损失模型的信贷风险承担效应可能还包括其他方面；在行业信贷配置的研究中，也可能有其他非高风险行业受到影响，且作用机理可能还存在其他渠道。因此，后期研究可从以上视角做进一步拓展。

第二，研究领域的拓展。由于我国商业银行同时受到会计监管和金融监管的双重约束，研究两者的协调性问题至关重要。本书主要基于当前国家金融监督管理总局的重要监管领域和主要监管指标，探讨了资本充足率监管、信用风险监管、流动性风险监管和效益监管这四项金融监管因素的影响。但除此以外，金融监管部门的其他监管制度和政策也可能对预期信用损失模型的实际运用效果产生影响。例如，2020 年 12 月，财政部印发了《商业银行绩效评价办法》，其中提出了对银行"绿色信贷占比"和"战略性新兴产业贷款占比"的监管要求，这也可能对银行信贷风险承担行为产生影响，进而影响预期信用损失模型效用的发挥。因此，后期研究可从横向上进行拓展，结合其他金融监管制度和政策，进一步更全面、深入地探讨预期信用损失模型的实际运用效果。

参考文献

［ 1 ］Agenor P R，Zilberman R. Loan Loss Provisioning Rules，Procyclicality，and Financial Volatility［J］. Journal of Banking and Finance，2015（61）：301–315.

［ 2 ］Ahmed A S，Takeda C，Thomas S. Bank Loan Loss Provisions：A Reexamination of Capital Management，Earnings Management and Signaling Effects［J］. Journal of Accounting and Economics，1999，28（1）：1–25.

［ 3 ］Akins B，Dou Y，Ng J. Corruption in Bank Lending：The Role of Timely Loan Loss Recognition［J］. Journal of Accounting and Economics，2017（63）：454–478.

［ 4 ］Ali A，Li N，Zhang W. Restrictions on Managers' Outside Employment Opportunities and Asymmetric Disclosure of Bad Versus Good News［J］. The Accounting Review，2019，94（5）：1–25.

［ 5 ］American Bankers Associtaion. FASB's Current Expected Credit Loss Model for Credit Loss Accounting（CECL）：Background and FAQ's for Bankers［R］. 2016.

［ 6 ］Anandarajan A，Hasan I，Mccarthy C. The Use of Loan Loss Provisions for Capital Management，Earnings Management and Signalling by Australian Banks［J］. Accounting and Finance，2007（47）：357–379.

［ 7 ］Andries K，Gallemore J，Jacob M. The Effect of Corporate Taxation on Bank Transparency：Evidence from Loan Loss Provisions［J］. Journal of Accounting and Economics，2017（63）：307–328.

［ 8 ］Balboa M，López–Espinosa G，Rubia A. Nonlinear Dynamics in Discretionary Accruals：An Analysis of Bank Loan–loss Provisions［J］. Journal of Banking and Finance，2013，37（12）：5186–5207.

［ 9 ］Basel Committee. The Interplay of Accounting and Regulation and Its Impact on Bank Behaviour［R］. Working Paper，2017.

［10］Beatty A，Chamberlain S L，Magliolo J. Managing Financial Reports of Commercial Banks：The Influence of Taxes，Regulatory Capital，and Earnings［J］. Journal of Accounting Research，1995，33（2）：231–261.

［11］Beatty A，Liao S. Do delays in Expected Loss Recognition Affect Banks' Willingness to Lend?［J］. Journal of Accounting and Economics，2011，52（1）：1–20.

［12］Beatty A，Liao S. Financial Accounting in the Banking Industry：A Review of the Empirical Literature［J］. Journal of Accounting and Economics，2014（58）：339–383.

［13］Beck P J，Narayanamoorthy G S. Did the SEC Impact Banks' Loan Loss Reserve Policies and Their Informativeness?［J］. Journal of Accounting and Economics，2013，56（2–3 Suppl. 1）：42–65.

［14］Benston G J，Wall L D. How Should Banks Account for Loan Losses［J］. Journal of Accounting and Public Policy，2005（24）：81–100.

［15］Berger A N，Hasan I，Zhou M. Bank Ownership and Efficiency in China：What Will Happen in the World's Largest Nation?［J］. Journal of Banking and Finance，2009，33（1）：113–130.

［16］Berger A N，Udell G F. The Institutional Memory Hypothesis and the Procyclicality of Bank Lending Behavior［J］. Journal of Financial Intermediation，2004，13（4）：458–495.

［17］Berger P G，Minnis M，Sutherland A. Commercial Lending Concentration and Bank Expertise：Evidence from Borrower Financial Statements［J］. Journal of Accounting and Economics，2017（64）：253–277.

［18］Bertay A C，Demirgüç–Kunt A，Huizinga H. Bank Ownership and Credit over the Business Cycle：Is Lending by State Banks Less Procyclical?［J］. Journal of Banking and Finance，2015（50）：326–339.

［19］Bhat G，Ryan S G，Vyas D. The Implications of Credit Risk Modeling for Banks' Loan Loss Provisions and Loan–origination Procyclicality［J］. Management Science，2019，65（5）：2116–2141.

［20］Bikker J A，Metzemakers P A J. Bank Provisioning Behaviour and Procyclicality［J］. Journal of International Financial Markets，Institutions and Money，2005（15）：141–157.

［21］Bouvatier V，Lepetit L. Banks' Procyclical Behavior：Does Provisioning Matter?［J］. Journal of International Financial Markets，Institutions and Money，2008，18（5）：513–526.

［22］Bouvatier V，Lepetit L. Provisioning Rules and Bank Lending：A Theoretical Model［J］. Journal of Financial Stability，2012（8）：25–31.

［23］Bouvatier V，López–Villavicencio A，Mignon V. Does the Banking Sector Structure Matter for Credit Procyclicality?［J］. Economic Modelling，2012，29（4）：1035–1044.

［24］Bratten B，Causholli M，Myers L A. Fair Value Exposure，Auditor Specialization，and Banks' Discretionary Use of the Loan Loss Provision［J］. Journal of Accounting，Auditing and Finance，2020，35（2）：318–348.

［25］Bushman R M，Williams C D. Accounting Discretion，Loan Loss Provisioning，and Discipline of Banks' Risk–taking［J］. Journal of Accounting and Economics，2012，54（1）：1–18.

［26］Bushman R M. Thoughts on Financial Accounting and the Banking Industry［J］. Journal of Accounting and Economics，2014（58）：384–395.

［27］Carlson M，Shan H，Warusawitharana M. Capital Ratios and Bank Lending：A Matched Bank Approach［J］. Journal of Financial Intermediation，2013（22）：663–687.

［28］Chen P，Daley L. Regulatory Capital，Tax，and Earnings Management Effects on

Loan Loss Accruals in the Canadian Banking Industry [J]. Contemporary Accounting Research, 1996, 13 (1): 91-128.

[29] Cohen B H, Jr G A E. The New Era of Expected Credit Loss Provisioning [J]. BIS Quarterly Review, 2017 (3): 39-56.

[30] Collins J H, Shackelford D A, Wahlen J M. Bank Differences in the Coordination of Regulatory Capital, Earnings, and Taxes [J]. Journal of Accounting Research, 1995, 33 (2): 263-291.

[31] Cornett M M, Mcnutt J J, Strahan P E, Tehranian H. Liquidity Risk Management and Credit Supply in the Financial Crisis [J]. Journal of Financial Economics, 2011, 101 (2): 297-312.

[32] Cull R, Martínez Pería M S. Bank Ownership and Lending Patterns during the 2008-2009 Financial Crisis : Evidence from Latin America and Eastern Europe [J]. Journal of Banking and Finance, 2013, 37 (12): 4861-4878.

[33] Cummings J R, Durrani K J. Effect of the Basel Accord Capital Requirements on the Loan-loss Provisioning Practices of Australian Banks [J]. Journal of Banking and Finance, 2016 (67): 23-36.

[34] Curcio, D, Simone A D, Gallo A. Financial Crisis and International Supervision : New Evidence on the Discretionary Use of Loan Loss Provisions at Euro Area Commercial Banks [J]. The British Accounting Review, 2017 (49): 181-193.

[35] Docking D S, Hirschey M, Jones E. Reaction of Bank Stock Prices to Loan-loss Reserve Announcements [J]. Review of Quantitative Finance and Accounting, 2000, 15 (3): 277-297.

[36] Financial Stability Forum. Report of the FSF Working Group on Provisioning [R]. 2009a.

[37] Financial Stability Forum. Report of the Financial Stability Forum on Addressing Procyclicality in the Financial System [R]. 2009b.

[38] Fiordelisi F, Marques-Ibanez D, Molyneux P. Efficiency and Risk in European Banking [J]. Journal of Banking and Finance, 2011, 35 (5): 1315-1326.

[39] Furlong F T, Keeley M C. Capital Regulation and Bank Risk-taking : A Note [J]. Journal of Banking and Finance, 1989 (13): 883-891.

[40] Gebhardt G, Novotny-Farkas Z. Mandatory IFRS Adoption and Accounting Quality of European Banks [J]. Journal of Business Finance and Accounting, 2011, 38 (3-4): 289-333.

[41] Greenawalt M B, Sinkey J F Jr. Bank Loan-loss Provisions and the Income-smoothing Hypothesis : An Empirical Analysis, 1976-1984 [J]. Journal of Financial Services Research, 1988, 1 (4): 301-318.

[42] Greene W H. Reconsidering Heterogeneity in Panel Data Estimators of the Stochastic Frontier Model [J]. Journal of Econometrics, 2005, 126 (2): 269-303.

[43] Hamadi M, Andréas H, Linder S, et al. Does Basel II Affect the Market Valuation of Discretionary Loan Loss Provisions? [J]. Journal of Banking and Finance, 2016 (70): 177-192.

[44] Ibrahim M H. Business Cycle and Bank Lending Procyclicality in a Dual Banking System [J]. Economic Modelling, 2016 (55): 127-134.

［45］Ivashina V, Scharfstein D. Bank Lending during the Financial Crisis of 2008［J］. Journal of Financial Economics, 2010, 97（3）: 319–338.

［46］Jin J, Kanagaretnam K, Lobo G J. Discretion in Bank Loan Loss Allowance, Risk Taking and Earnings Management［J］. Accounting and Finance, 2018（58）: 171–193.

［47］Jin Q, Wu S. Shifting from the Incurred to the Expected Credit Loss Model and Stock Price Crash Risk［J］. Journal of Accounting and Public Policy, 2023, 42（2）.

［48］Kanagaretnam K, Krishnan G V, Lobo G J. Is the Market Valuation of Banks' Loan Loss Provision Conditional on Auditor Reputation?［J］. Journal of Banking and Finance, 2009, 33（6）: 1039–1047.

［49］Kanagaretnam K, Lobo G J, Yang D H. Joint Tests of Signaling and Income Smoothing through Bank Loan Loss Provisions［J］. Contemporary Accounting Research, 2004, 21（4）: 843–884.

［50］Kilic E, Lobo G J, Ranasinghe T, et al. The Impact of SFAS 133 on Income Smoothing by Banks through Loan Loss Provisions［J］. The Accounting Review, 2013, 88（1）: 233–260.

［51］Kim D, Sohn W. The Effect of Bank Capital on Lending: Does Liquidity Matter?［J］. Journal of Banking and Finance, 2017（77）: 95–107.

［52］Kim J B, Ng J, Wang C. The Effect of the Shift to the Expected Credit Loss Model on the Timeliness of Loan Loss Recognition［R］. SSRN Working Paper, 2020.

［53］Kim M S, Kross W. The Impact of the 1989 Change in Bank Capital Standards on Loan Loss Provisions and Loan Write–offs［J］. Journal of Accounting and Economics, 1998（25）: 69–99.

［54］Kosak M, Li S, Loncarski I, et al. Quality of Bank Capital and Bank Lending Behavior during the Global Financial Crisis［J］. International Review of Financial Analysis, 2015（37）: 168–183.

［55］Kouretas G P, Pawłowska M, Szafrański G. Market Structure and Credit Procyclicality: Lessons from Loan Markets in the European Union Banking Sectors［J］. Economic Modelling, 2020（93）: 27–50.

［56］Laeven L, Majnoni G. Loan Loss Provisioning and Economic Slowdowns: Too Much, Too Late［J］. Journal of Financial Intermediation, 2003, 12（2）: 178–197.

［57］Lepetit L, Saghi–Zedek N, Tarazi A. Excess Control Rights, Bank Capital Structure Adjustments, and Lending［J］. Journal of Financial Economics, 2015（115）: 574–591.

［58］Leroy A, Lucotte Y. Competition and Credit Procyclicality in European Banking［J］. Journal of Banking and Finance, 2019（99）: 237–251.

［59］Leventis S, Dimitropoulos P E, Anandarajan A. Loan Loss Provisions, Earnings Management and Capital Management under IFRS: The Case of EU Commercial Banks［J］. Journal of Financial Services Research, 2011（40）: 103–122.

［60］Liu C C, Ryan S G, Wahlen J M. Differential Valuation Implications of Loan Loss Provisions Across Banks and Fiscal Quarters［J］. The Accounting Review, 1997, 72（1）: 133–146.

［61］Liu C C, Ryan S G. Income Smoothing over the Business Cycle: Changes in

Banks' Coordinated Management of Provisions for Loan Losses and Loan Charge-offs from the Pre-1990 Bust to the 1990s Boom [J]. The Accounting Review, 2006, 81 (2): 421–441.

[62] Lobo G J, Yang D H. Bank Managers' Heterogeneous Decisions on Discretionary Loan Loss Provisions [J]. Review of Quantitative Finance and Accounting, 2001 (16): 223–250.

[63] Loudis B, Ranish B. CECL and the Credit Cycle [R]. SSRN Working Paper, 2019.

[64] Ma C K. Loan Loss Reserves and Income Smoothing: The Experience in the U. S. Banking Industry [J]. Journal of Business Finance and Accounting, 1988, 15 (4): 487–497.

[65] Marton J, Runesson E. The Predictive Ability of Loan Loss Provisions in Banks–Effects of Accounting Standards, Enforcement and Incentives [J]. The British Accounting Review, 2017, 49 (2): 162–180.

[66] Mili M, Sahut J, Trimeche H, et al. Determinants of the Capital Adequacy Ratio of Foreign Banks' Subsidiaries: The Role of Interbank Market and Regulation [J]. Research in International Business and Finance, 2017 (42): 442–453.

[67] Morais B, Ormazabal G, Peydró J, Roa M, Sarmiento M. Forward Looking Loan Provisions: Credit Supply and Risk-taking [R]. Working Paper, 2020.

[68] Ng J, Roychowdhury S. Do Loan Loss Reserves Behave Like Capital? Evidence from Recent Bank Failures [J]. Review of Accounting Studies, 2014, 19 (3): 1234–1279.

[69] Olszak M, Jaworska P C, Kowalska I, et al. The Effect of Capital Ratio on Lending: Do Loan-loss Provisioning Practices Matter? [R]. UW Faculty of Management Working Paper Series, 2017.

[70] Onali E, Ginesti G, Cardillo G, et al. Market Reaction to the Expected Loss Model in Banks [J]. Journal of Financial Stability, 2021.

[71] Ozili P K. Bank Earnings Smoothing, Audit Quality and Procyclicality in Africa: The Case of Loan Loss Provisions [J]. Review of Accounting and Finance, 2017, 16 (2): 142–161.

[72] Perez D, Salas-Fumas V, Saurina J. Earnings and Capital Management in Alternative Loan Loss Provision Regulatory Regimes [J]. European Accounting Review, 2008, 17 (3): 423–445.

[73] Puri M, Rocholl J, Steffen S. Global Retail Lending in the Aftermath of the US Financial Crisis: Distinguishing between Supply and Demand Effects [J]. Journal of Financial Economics, 2011, 100 (3): 556–578.

[74] Rime B. Capital Requirements and Bank Behaviour: Empirical Evidence for Switzerland [J]. Journal of Banking and Finance, 2001 (25): 789–805.

[75] Shim J. Loan Portfolio Diversification, Market Structure and Bank Stability [J]. Journal of Banking and Finance, 2019 (104): 103–115.

[76] Sun J, Harimaya K, Yamori N. Regional Economic Development, Strategic Investors, and Efficiency of Chinese City Commercial Banks [J]. Journal of Banking and Finance, 2013, 37 (5): 1602–1611.

[77] Tabak B M, Fazio D M, Cajueiro D O. The Effects of Loan Portfolio Concentration on Brazilian Banks' Return and Risk [J]. Journal of Banking and Finance, 2011, 35 (11): 3065–3076.

[78] Vasilyeva A, Frolova E. Methods of Calculation of Expected Credit Losses under

Requirements of IFRS9［J］. Journal of Corporate Finance Research，2019，13（4）：74–86.

［79］Wheeler P B. Loan Loss Accounting and Procyclical Bank Lending：The Role of Direct Regulatory Actions［J］. Journal of Accounting and Economics，2019，67（2–3）：463–495.

［80］Xie B. Does Fair Value Accounting Exacerbate the Procyclicality of Bank Lending?［J］. Journal of Accounting Research，2016，54（1）：235–274.

［81］白俊，孟庆玺，申艳艳. 外资银行进入促进了本土企业创新吗?［J］. 会计研究，2018（11）：50–55.

［82］曹森，史逸林. 贷款集中、信贷跟随与产能过剩——以中国上市公司行业贷款为例［J］. 金融论坛，2017，22（2）：56–69.

［83］陈超，魏静宜，曹利. 中国商业银行通过贷款损失准备计提进行盈余平滑吗?［J］. 金融研究，2015（12）：46–63.

［84］陈汉文，杨增生. 内部控制质量与银行资本充足率——来自我国上市银行的经验证据［J］. 厦门大学学报（哲学社会科学版），2018（1）：55–64.

［85］陈伟平，张娜. 资本监管、流动性约束对商业银行贷款行为的影响［J］. 金融论坛，2018，23（12）：46–61.

［86］陈雯靓，吴溪. 我国商业银行的贷款损失准备计提与利润平滑：新会计准则的影响［J］. 审计研究，2014（1）：105–112.

［87］陈旭东，何艳军，张镇疆. 货币政策、银行信贷行为与贷款损失准备——基于中国商业银行的实证研究［J］. 国际金融研究，2014（10）：64–74.

［88］陈懿冰，聂广礼. 银行信贷应该集中管理还是分散投放——基于中国上市商业银行的分析［J］. 中央财经大学学报，2014，1（10）：38–46.

［89］褚剑，胡诗阳. 利率市场化进程中的银企互动——上市公司购买银行理财产品的视角［J］. 中国工业经济，2020（6）：155–173.

［90］戴德明，张姗姗. 贷款损失准备、盈余管理与商业银行风险管控［J］. 会计研究，2016（8）：25–33，96.

［91］丁友刚，王彬彬. 贷款拨备：从"已知的未知"到"未知的未知"?［J］. 会计研究，2017（9）：29–34，96.

［92］丁友刚，岳小迪. 贷款拨备、会计透明与银行稳健［J］. 会计研究，2009（3）：31–38，94.

［93］段军山，邹新月，周伟卫. 贷款行为、盈余管理与贷款损失准备的动态调整［J］. 金融论坛，2011，16（5）：31–36.

［94］郜栋玺，项后军. 多重市场竞争与银行风险承担——基于利率市场化及不同监管维度的视角［J］. 财贸经济，2020，41（7）：83–98.

［95］顾海峰，于家珺. 中国经济政策不确定性与银行风险承担［J］. 世界经济，2019，42（11）：148–171.

［96］郭沛廷. 银行独立性对贷款损失准备计提与经济周期性关系的影响［J］. 经济与管理，2017，31（2）：45–49.

［97］何靖. 延付高管薪酬对银行风险承担的政策效应——基于银行盈余管理动机视角的 PSM–DID 分析［J］. 中国工业经济，2016（11）：126–143.

［98］何熙琼，尹长萍，毛洪涛. 产业政策对企业投资效率的影响及其作用机制研

究——基于银行信贷的中介作用与市场竞争的调节作用［J］.南开管理评论，2016，19（5）：161-170.

［99］黄世忠.公允价值会计的顺周期效应及其应对策略［J］.会计研究，2009（11）：23-29，95.

［100］黄宪，熊启跃.银行资本缓冲、信贷行为与宏观经济波动——来自中国银行业的经验证据［J］.国际金融研究，2013（1）：52-65.

［101］黄有为，史建平.贷款损失准备和盈余平滑——基于国内外资、中资上市和非上市商业银行的研究［J］.中央财经大学学报，2016（6）：49-58.

［102］黄有为，王勇，王继娜.经济快速下滑与基于贷款损失准备的商业银行风险应对——来自中国上市、非上市商业银行的经验证据［J］.税务与经济，2017（2）：17-24.

［103］江曙霞，刘忠璐.资本质量会影响银行贷款行为吗？［J］.金融研究，2016（12）：63-77.

［104］况伟大，王琪琳.房价波动、房贷规模与银行资本充足率［J］.金融研究，2017（11）：34-48.

［105］李楠，吴武清，樊鹏英，等.宏观审慎资本监管对信贷增长影响的实证研究［J］.管理评论，2013，25（6）：11-18，94.

［106］李卫东，刘畅，郭敏.结构调整、贷款集中度与价值投资：我国商业银行信贷投向政策实证研究［J］.管理世界，2010（10）：174-175.

［107］李宇嘉，陆军.贷款损失准备金与资本充足率监管——来自日本银行业的实证分析［J］.国际金融研究，2008（5）：43-51.

［108］连立帅，陈超，白俊.产业政策与信贷资源配置［J］.经济管理，2015，12（12）：1-11.

［109］廉永辉，张琳.流动性冲击、银行结构流动性和信贷供给［J］.国际金融研究，2015（4）：64-76.

［110］廖岷，杨元元.全球商业银行流动性风险管理与监管的发展状况及其启示［J］.金融研究，2008（6）：69-79.

［111］刘冲，杜通，刘莉亚，等.资本计量方法改革、商业银行风险偏好与信贷配置［J］.金融研究，2019（7）：38-56.

［112］刘冲，郭峰，傅家范，等.政治激励、资本监管与地方银行信贷投放［J］.管理世界，2017（10）：36-50.

［113］刘京军，张莉，徐现祥.土地出让与银行信贷配置——兼论实体经济为何融资难［J］.中山大学学报（社会科学版），2016，56（5）：186-200.

［114］刘莉亚，李明辉，孙莎，等.中国银行业净息差与非利息收入的关系研究［J］.经济研究，2014，49（7）：110-124.

［115］刘孟飞，王军.系统性风险约束下的商业银行成本、利润效率比较研究［J］.中国管理科学，2015，23（12）：27-34.

［116］刘信群，刘江涛.杠杆率、流动性与经营绩效——中国上市商业银行2004—2011年面板数据分析［J］.国际金融研究，2013（3）：88-95.

［117］刘星，杜勇.预期损失模型分析及其对我国银行业的影响［J］.中央财经大学学报，2011（4）：83-86.

［118］刘轶，刘银，周嘉伟．资本监管、风险偏好与银行信贷行业选择——基于资本异质性视角［J］．金融监管研究，2013（11）：1-20.

［119］吕铁，王海成．放松银行准入管制与企业创新——来自股份制商业银行在县域设立分支机构的准自然试验［J］．经济学（季刊），2019，18（4）：1443-1464.

［120］马勇，李振．资金流动性与银行风险承担——来自中国银行业的经验证据［J］．财贸经济，2019，40（7）：67-81.

［121］米春蕾，陈超．"四大"审计会影响商业银行贷款损失准备吗？［J］．审计研究，2018（2）：122-128.

［122］潘健平，余威．公允价值会计会加剧银行贷款顺周期现象吗？——来自中国银行业的经验证据［J］．中南财经政法大学学报，2020（6）：99-107，131，160.

［123］潘秀丽．商业银行贷款损失准备水平的差异性分析与影响因素检验［J］．中央财经大学学报，2014（11）：24-30.

［124］彭继增，吴玮．资本监管与银行贷款结构——基于我国商业银行的经验研究［J］．金融研究，2014（3）：123-137.

［125］彭建刚，邹克，张倚胜．不良贷款率对银行业影响的统计关系检验［J］．湖南大学学报（社会科学版），2015，29（5）：58-64.

［126］普华永道．2018年中国银行业回顾与展望［R］．2019.

［127］钱先航，曹廷求，李维安．晋升压力、官员任期与城市商业银行的贷款行为［J］．经济研究，2011，46（12）：72-85.

［128］邱月华，曲晓辉．后金融危机时期金融工具国际准则的发展及启示［J］．会计研究，2016（8）：3-9.

［129］任秋潇，王一鸣．信贷集中度会影响商业银行的资产质量水平么？——来自中国A股16家上市银行的证据［J］．国际金融研究，2016（7）：62-73.

［130］申宇，任美旭，赵静梅．经济政策不确定性与银行贷款损失准备计提［J］．中国工业经济，2020（4）：154-173.

［131］宋光辉，钱崇秀，许林．商业银行"三性"对其风险承担能力的影响——基于16家上市银行非平衡面板数据的实证检验［J］．经济管理，2016，38（9）：135-148.

［132］宋玉颖，刘志洋．流动性风险对银行信贷行为的影响［J］．金融论坛，2013，18（8）：10-16，35.

［133］谭劲松，简宇寅，陈颖．政府干预与不良贷款——以某国有商业银行1988~2005年的数据为例［J］．管理世界，2012（7）：29-43，187.

［134］唐文琳，金鹤．货币政策对商业银行风险防控的影响研究［J］．经济问题，2020（8）：46-52.

［135］汪峰，王佳，王帆．"备不足而险患生"：盈余管理动机、贷款损失准备与银行风险［J］．金融经济学研究，2019，34（6）：83-92.

［136］王兵，朱宁．不良贷款约束下的中国上市商业银行效率和全要素生产率研究——基于SBM方向性距离函数的实证分析［J］．金融研究，2011（1）：110-130.

［137］王成龙，黄瑾，严丹良，等．预期信用损失模型会缓解贷款拨备的顺周期效应吗？［J］．国际金融研究，2023（9）：86-96.

［138］王海军，叶群．新时代背景下商业银行不良贷款的催生机制——一个四维解

析［J］.西安交通大学学报（社会科学版），2018，38（4）：47–56.

［139］王菁菁，刘光忠.金融工具减值预期损失模型的演进与会计准则体系变迁——兼评IASB《金融工具：预期信用损失》征求意见稿［J］.会计研究，2014（5）：37–43.

［140］王蕾，郭芮佳，池国华.银行内部控制质量如何影响信贷风险？——基于行业风险识别视角的实证分析［J］.中南财经政法大学学报，2019（4）：3–12，158.

［141］闻超群，章仁俊.银行不良贷款对信用传导的制约作用［J］.统计与决策，2006（23）：122–123.

［142］吴玮.资本约束对商业银行资产配置行为的影响——基于175家商业银行数据的经验研究［J］.金融研究，2011（4）：65–81.

［143］肖虹，邹冉.资本监管制度与贷款损失准备计提会计准则的协调性——小微企业信贷诱导有效性视角［J］.会计研究，2019（6）：3–12.

［144］谢建.管制行业获得了更优惠的信贷吗［J］.江西财经大学学报，2020（5）：45–57.

［145］许和连，王海成.简政放权改革会改善企业出口绩效吗？——基于出口退（免）税审批权下放的准自然试验［J］.经济研究，2018，53（3）：157–170.

［146］许坤，苏扬.逆周期资本监管、监管压力与银行信贷研究［J］.统计研究，2016，33（3）：97–105.

［147］杨文，孙蚌珠，程相宾.中国国有商业银行利润效率及影响因素——基于所有权结构变化视角［J］.经济学（季刊），2015，14（2）：535–556.

［148］于李胜，王成龙，王艳艳.分析师社交媒体在信息传播效率中的作用——基于分析师微博的研究［J］.管理科学学报，2019，22（7）：107–126.

［149］余晶晶，何德旭，仝菲菲.竞争、资本监管与商业银行效率优化——兼论货币政策环境的影响［J］.中国工业经济，2019（8）：24–41.

［150］余明桂，钟慧洁，范蕊.民营化、融资约束与企业创新——来自中国工业企业的证据［J］.金融研究，2019（4）：75–91.

［151］张大永，张志伟.竞争与效率——基于我国区域性商业银行的实证研究［J］.金融研究，2019（4）：111–129.

［152］张姗姗，戴德明，张东旭.贷款损失准备重述与商业银行信贷行为［J］.中央财经大学学报，2016（8）：53–64.

［153］张舒明，周颖.基于Copula尾部风险控制的行业贷款配置模型［J］.管理评论，2019，31（8）：86–98.

［154］张勇.银根紧缩与银行信贷资金行业配置行为——来自SVAR模型的经验证据［J］.华南师范大学学报（社会科学版），2011（3）：100–103.

［155］祝继高，胡诗阳，陆正飞.商业银行从事影子银行业务的影响因素与经济后果——基于影子银行体系资金输出方的实证研究［J］.金融研究，2016（1）：66–82.

［156］祝继高，李天时，尤可畅.房地产价格波动与商业银行贷款损失准备——基于中国城市商业银行的实证研究［J］.金融研究，2017（9）：83–98.

［157］祝继高，王春飞，尤可畅.审计师特征与商业银行贷款损失准备——基于中国城市商业银行的实证研究［J］.审计研究，2015（4）：105–112.